fome de
DEUS

FREI BETTO

fome de DEUS
fé e espiritualidade no mundo atual

paralela

Copyright © 2013 by Frei Betto

A Editora Paralela é uma divisão da Editora Schwarcz S.A.

*Grafia atualizada segundo o Acordo Ortográfico
da Língua Portuguesa de 1990, que entrou em vigor
no Brasil em 2009.*

CAPA Rodrigo Maroja

PREPARAÇÃO Tulio Kawata

PREPARAÇÃO DE ORIGINAIS Maria Helena Guimarães Pereira

REVISÃO Renato Potenza Rodrigues e Larissa Lino Barbosa

Dados Internacionais de Catalogação na Publicação (CIP)
(Câmara Brasileira do Livro, SP, Brasil)

Betto, Frei, 1944-
    Fome de Deus / Frei Betto. — 1ª ed. — São Paulo :
Paralela, 2013.

    Bibliografia.
    ISBN 978-85-65530-42-2

    1. Amor 2. Busca de Deus 3. Espiritualidade 4. Fé
5. Vida espiritual. I. Título.

13-08937   CDD-248.4

        Índice para catálogo sistemático:
    1. Espiritualidade : Cristianismo 248.4

2ª *reimpressão*

[2014]
Todos os direitos desta edição reservados à
EDITORA SCHWARCZ S.A.
Rua Bandeira Paulista, 702, cj. 32
04532-002 — São Paulo — SP
Telefone (11) 3707-3500
Fax (11) 3707-3501
www.editoraparalela.com.br
atendimentoaoleitor@editoraparalela.com.br

A Marcio Tavares d'Amaral

Sumário

PARTE 1: QUESTÕES DA ESPIRITUALIDADE

Entre a cruz e o pão 13

O que é espiritualidade 17

Método de oração 25

Arte da meditação 29

Amizade olímpica 31

Amar o próximo 35

Deus, a questão 39

PARTE 2: DEUS E A MODERNIDADE

Fome de Deus 45

Deus não tem religião 47

Nietzsche: a morte de Deus e a vitória da exclusão 51

Diálogo entre ciência e fé 55

Teologia e modernidade 59

Fome de pão e de beleza 63

Espiritualidade pós-moderna 65

O corpo 69

O ovo e a galinha 71

Das igrejas aos bancos 75

Esperança como atitude crítica 79

A festa da carne 83

Pecados capitais & viagens interiores 85

A ótica míope do fundamentalismo 87

Pelo lado avesso 91

Jardim: o pão e a paz 95

Entre Papai Noel e o Menino Jesus 97

Faz escuro e eu só rezo? 101

Aplacar a dor 105

PARTE 3: LÍDERES ESPIRITUAIS

Um homem chamado Francisco 111

Maria Madalena 113

Paulo, o apóstolo 117

Atualidade de são João da Cruz 123

A sedução de Teresa 127
Mestres espirituais 131

PARTE 4: RELIGIÃO E AMOR

O amor como critério moral 137
Deus como caso de amor 151

Referências bibliográficas 167
Bibliografia de Frei Betto 168

PARTE 1
QUESTÕES DA ESPIRITUALIDADE

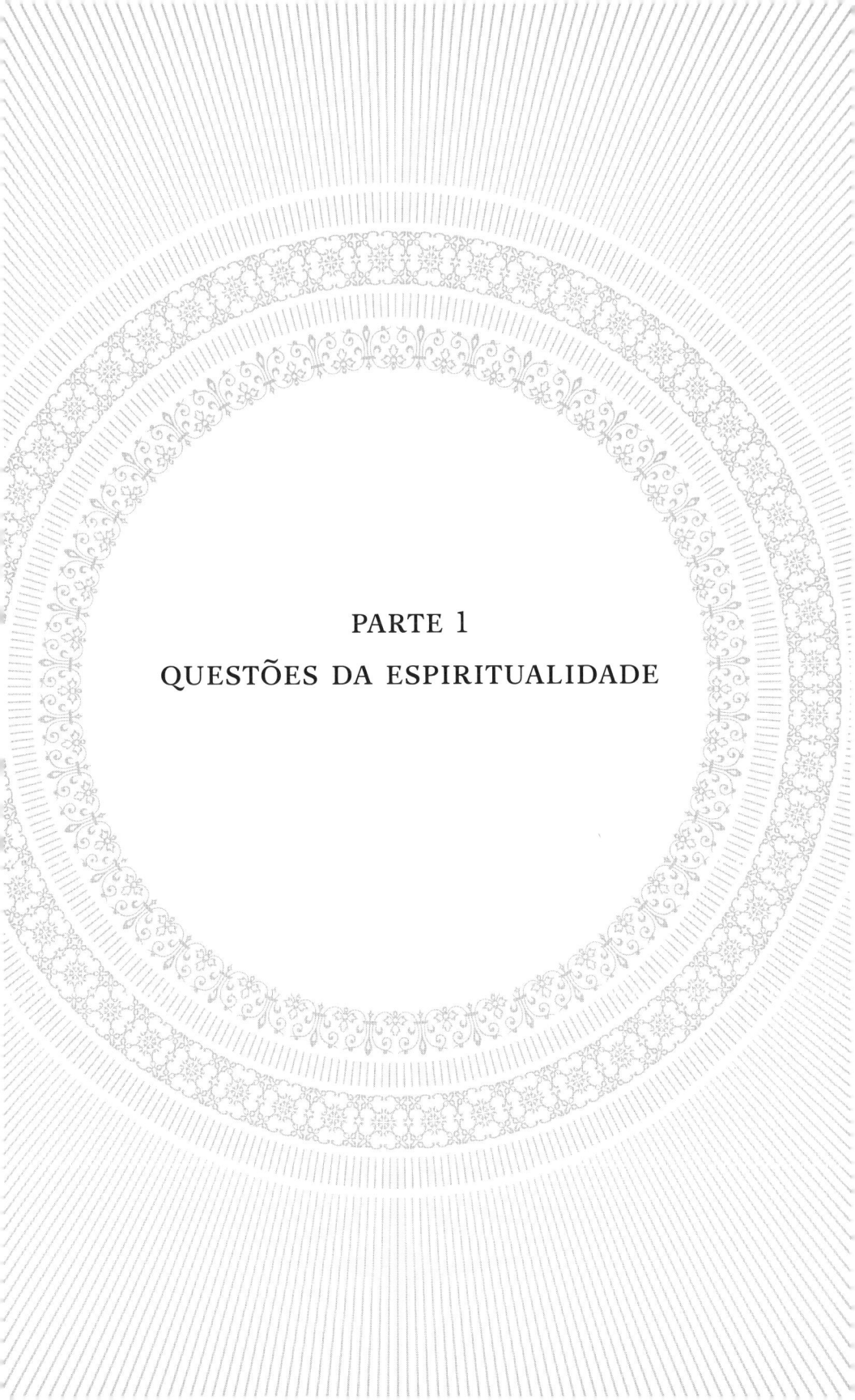

Entre a cruz e o pão

A cruz é o símbolo católico do cristianismo. Segundo publicitários, a mais simples e genial logomarca já criada: dois pedaços de pau cruzados ou apenas dois riscos perpendiculares gravados na parede, ou ainda dois dedos colados, um na vertical, outro na horizontal.

Pena que a confissão religiosa que celebra a vida como dom maior de Deus adote como símbolo um instrumento de morte. Cruzes são encontradas nos cemitérios sobre tumbas. Não é o caso de Jesus, que deixou vazio o seu túmulo de pedra. Sua morte não é o fato central da fé cristã. O fato central é a sua ressurreição. Como diz Paulo, não houvesse Jesus ressuscitado, a nossa fé seria vã (1ª *Coríntios* 15,14).

Como simbolizar a ressurreição? Até hoje não conheço quem tenha se mostrado suficientemente criativo para consegui-lo. Há pinturas e imagens em que Jesus aparece revestido de um corpo glorioso, mas elas parecem evocar um homem saindo do banho...

Na Igreja primitiva, era o peixe o símbolo secreto de fé cristã, em referência ao batismo pela água. Assim como os peixes vivem nas profundezas do mar, dos rios e dos lagos, os cristãos, mergulhados nas catacumbas, onde foram encontradas várias pinturas de peixes, renasciam pela água batismal. Para santo Agostinho, Cristo é o peixe vivo no abismo da mortalidade, como em águas profundas (*De Civitate Dei*, XVIII, 23). Além disso, peixe, em grego — *ichthys* — era considerado acróstico de *Iesous Christos Theou (H)yios Soter* (Jesus Cristo, Filho de Deus Salvador).

Foi a perseguição romana que induziu as comunidades a adotar a cruz, instrumento de suplício e morte do Império. Nela Jesus foi sacrificado. A mais antiga cruz que se conhece data do século IV e está gravada no portal da igreja de Santa Sabina, em Roma, no monte Aventino, anexa ao convento que abriga o governo geral da Ordem Dominicana.

Cessada a perseguição à Igreja, a cruz passou da clandestinidade para a centralidade nas torres dos templos. E, aos poucos, tornou-se o eixo do cristianismo. A ponto de a Via Sacra, antes da reforma litúrgica promovida pelo Concílio Vaticano II, contar com apenas catorze estações. Encerrava-se com a morte no Calvário. Hoje, são quinze. A ressurreição de Jesus é o ponto culminante dessa forma de devoção cristã.

A predominância da cruz incutiu no catolicismo uma espiritualidade lúgubre. Padres e beatas vestiam-se de preto. O riso, a alegria, as cores, pareciam banidos da liturgia. Enfatizava-se mais a morte de Jesus pela redenção de nossos pecados e, de quebra, as penas do inferno, do que a sua ressurreição como vitória da vida, de Deus, sobre as forças da morte. Mais a dor que o amor.

Como simbolizar a ressurreição? Através de algo que expresse a vida. E não conheço melhor símbolo que o pão. Alimento universal, é encontrado em quase todos os povos ao longo da história, seja feito de trigo, milho, mandioca, centeio, cevada ou qualquer outro grão ou tubérculo. E tem uma propriedade especial: come-se todos os dias, sem enjoar.

"Eu sou o pão da vida", definiu-se Jesus (*João* 6,48). Porque o pão representa todos os demais alimentos. E a vida, como fenômeno biológico, subsiste graças à comida e à bebida. São os únicos bens materiais que não podem faltar ao ser humano. Caso contrário, ele morre.

No entanto, é vergonhoso constatar que, hoje, segundo a FAO (Organização das Nações Unidas para Agricultura e Alimentação), mais de 1 bilhão de pessoas vivem, no mundo, em estado de desnutrição crônica. Isso em países ditos cristãos, muçulmanos, budistas... Para que serve uma religião cujos fiéis não se sensibilizam com a fome alheia? Por que tanta indiferença diante dos povos famintos? O que significa adorar a Deus se ficamos de costas ao próximo que padece fome? (1ª *João* 3,17).

Jesus fez da partilha do pão e do vinho, da comida e da bebida, o sacramento central da comunidade de seus discípulos — a eucaristia. Ensinou que repartir o pão é partilhar Deus. Na Palestina do século I, havia miseráveis e famintos (*Mateus* 25,34-45; *Lucas* 6,21). Muitos empobreciam em decorrência da perda de suas terras, do peso das dívidas, dos tributos exigidos pelo poder romano, dos dízimos cobrados pelas autoridades religiosas. Diante disso, Jesus assumiu a causa dos pobres e promoveu um movimento indutor da partilha dos bens essenciais à vida (*Marcos* 6,30-44), em que o fio condutor é o alimento, em especial, o pão.

Desde o início de sua militância, a partilha do pão foi a marca de Jesus (*Lucas* 1,53; 6,21). A comensalidade era a expressão vivencial mais característica de sua espiritualidade, para a qual havia uma íntima relação entre o Pai (o amor de Deus e a Deus) e o pão (o amor ao próximo). Pai Nosso e pão nosso. Deus só pode ser aclamado como "Pai Nosso" se o pão não for só meu ou teu, mas nosso, de todos. É o que explica a ausência de preconceitos por parte de Jesus quando se tratava de sentar-se à mesa com pecadores e publicanos, ainda que isso lhe valesse a fama de "comilão e beberrão" (*Lucas* 7,34; 15, 2; *Mateus* 11,19).

Partilhar o pão era um gesto tão característico de Jesus que permitiu que os discípulos de Emaús o identificassem (*Lucas* 24,30-1). E a ceia tornou-se o sacramento por excelência da presença e da memória de Jesus (*Marcos* 14,22-4; 1ª *Coríntios* 11,23-5).

O pão — eis o símbolo (= aquilo que une) mais expressivo da prática de Jesus, a ponto de transubstanciá-lo em seu corpo. E todo pão que se oferece a um faminto tem caráter sacramental (*Mateus* 25,34). É ao próprio Jesus que se oferece.

Às vésperas de sua morte, Jesus antecipou-nos sua ressurreição ao dividir com seus discípulos, na ceia, o pão e o vinho. Ele se deu a nós. No gesto de justiça, ao partilhar o pão (significando todos os bens da vida) nós nos damos a ele. Eis o sentido evangélico da comunhão.

É o que retrata a parábola do filho pródigo, na qual o perdão é celebrado em torno da comida, o "novilho gordo" (*Lucas* 15,11-32); e os episódios do bom samaritano — o cuidado (*Lucas* 10,29-37); da mulher cananeia — a cura (*Mateus* 15,21-8); do óbolo da viúva — o desapego (*Marcos* 12,41-4); da chicotada no Templo — a indignação diante da injustiça (*João* 2,13-22).

Pão: bem essencial à vida, dom maior de Deus, que se fez carne e se fez pão, o que levou Jesus a afirmar: "o pão que eu darei é a minha carne para a vida do mundo" (*João* 6,51). Se já não temos, entre nós, a presença visível de Jesus, ao menos adotemos, como sinal de sua presença, isto que ele mesmo escolheu na última ceia: o pão. Sinal de que somos também seus discípulos, empenhados em tornar realidade para todos "o pão nosso de cada dia", os bens que imprimem saúde, dignidade e felicidade à nossa existência.

O que é espiritualidade

O que é espiritualidade? Eis uma pergunta que me fiz a vida toda e ainda paira inquieta em meu coração. É como o nome de Deus, tão vulgarmente pronunciado por nós e, no entanto, impenetrável. Como é mesmo que ele se chama? Javé, Eloim, Adonai, Alá, Senhor? Ao conhecer uma pessoa, nossa primeira curiosidade é perguntar seu nome. A segunda, quem é, o que faz.

Segundo *Êxodo* 3,1-15, foi Javé quem tomou a iniciativa de ir ao encontro de Moisés, enquanto este apascentava o rebanho de Jetro, seu sogro. Antes de identificar-se pelo nome, Javé preferiu mostrar-lhe seu currículo: "Eu sou o Deus de teus pais, o Deus de Abraão, o Deus de Isaac e o Deus de Jacó".

Numa cultura politeísta, não se tratava de um deus qualquer. Era um Deus que tinha história, e essa história abrange os patriarcas hebreus. Só em seguida Javé disse o nome: "Eu sou aquele que é". Puro verbo, ação. Talvez seja isto a espiritualidade: o cerne do nosso ser, ser o que se é, para que não fique gravado na lápide de nossos túmulos o terrível aforismo cunhado por Fernando Pessoa: "Fui o que não sou".

Se uma pessoa se apresenta pelo telefone, diz o nome e o que faz, fica-nos a expectativa de conhecer-lhe o rosto. É o que desejava

Moisés: ver a face de Deus. Gosto muito da resposta de Javé em *Êxodo* 33,19: "Farei passar diante de ti toda a minha beleza", mas se recusa a mostrar-lhe a face. Creio que aqui está a chave da espiritualidade. A beleza é sempre atraente, sedutora, objeto de nossa incessante contemplação. Posso ficar extasiado diante de uma mulher bonita e, no entanto, ela ocultar de mim a sua "face", ou seja, só saberei quem de fato é se falar-me, revelar-se, escancarar-me a sua mente e o seu coração. E essa é sempre uma experiência da subjetividade. As palavras moldam a nossa interioridade. Por isso, toda experiência estética é subjetiva. Por mais que uma mulher seja coroada Miss Universo como a mais bela do mundo, sua beleza não se compara à da mulher amada. Conhecer a face de Deus é deixar que Aquele "que é" seja em mim. Abrir o meu coração para que ele fale, não na retórica convencional de duas pessoas que conversam, mas na linguagem sugestiva, simbólica, tecida em pausas de silêncio empregada pelos amantes. Isso é a beleza.

A espiritualidade constitui o fundamento, a base, a motivação de nossa vida interior, subjetiva. Dentro do cristianismo, existem várias famílias espirituais: pentecostal, carismática, militante... No catolicismo, temos as espiritualidades dominicana, beneditina, franciscana, jesuítica, das filhas de Maria, dos congregados marianos, enfim, uma enorme variedade de tradições ou motivações espirituais, nas quais cada um busca as suas referências. É o poço onde cada um de nós se abastece na vida espiritual.

A espiritualidade é o nosso verdadeiro eu, que muitas vezes não conseguimos vivenciar. Esse eu, na verdade, é um Outro Eu que está sempre a apontar o rumo certo de nossas vidas. Santo Tomás de Aquino dizia que, quanto mais penetro minha interioridade em busca de mim mesmo, mais encontro um Outro que não sou eu, mas é ele quem revela o meu verdadeiro eu. Esse Outro é terno e eterno. Talvez seja essa uma das razões pelas quais, às vezes, fugimos da oração, com medo de olhar cara a cara o nosso verdadeiro eu. Pois, quando o encontramos, sabemos que é hora de mudar o rumo da vida.

Não se penetra a beleza de Deus impunemente. Antes de passar diante de Moisés, Javé preveniu-o de que haveria de cobrir-lhe os olhos com a palma da mão "até que eu tenha passado. Depois tirarei a palma da mão e me verás pelas costas. Minha face, porém, não se pode ver" (*Êxodo* 33,22-3).

O profeta Elias "cobriu o rosto com o manto" ao sair da gruta ao encontro de Javé (1º *Reis* 19,13). No evangelho de *Mateus* (17,1-13), Jesus, ao transfigurar-se, "o seu rosto resplandeceu como o sol e as suas vestes tornaram-se alvas como a luz". Pedro, Tiago e João, que haviam subido com ele o monte Tabor, viram-no conversando com Moisés e Elias. Pedro sugeriu armar ali uma tenda para os três, quando "uma nuvem luminosa os cobriu" e a voz de Deus se fez ouvir. "Os discípulos, ao ouvirem a voz, muito assustados caíram com o rosto no chão." Jesus se aproximou deles, mandou que se levantassem sem medo. É curioso como Mateus encerra o relato: "Erguendo os olhos, não viram ninguém: Jesus estava sozinho". Não viram Deus, nem Moisés e Elias, que tinham desaparecido. Mas viram alguém: Jesus. Para o evangelista, Jesus era a face visível de Deus. "Aquele que é" ali estava, o Verbo feito carne. E, diante de Jesus, não se trata de cobrir o rosto, mas de mudar a rota da vida.

A palavra "conversão" é uma categoria de trânsito. Eu vinha por aqui e, agora, devo tomar aquele outro rumo. É disso que a oração faz ter consciência. Mas, muitas vezes, deixamos de orar para evitar essa consciência e a exigência de mudança de vida.

Qual deve ser a nossa espiritualidade? Há muitas outras tradições religiosas: muçulmanas, judaicas, budistas, tradições africanas como candomblé, indígenas como o santo Daime. Cada fiel encontra referências dentro de sua tradição. Mas, no universo dos cristãos, entre tantas espiritualidades, o melhor é ficar com a de Jesus. Qual era a espiritualidade de Jesus? Eis uma pergunta que me acompanha a vida toda. Não estou seguro de ter encontrado a resposta. Ouso, sim, esboçar *uma* resposta.

Jesus tinha fé como nós. Tenho encontrado amigos que, ainda

por influência de uma catequese equivocada, imaginam que Jesus era homem por fora e Deus por dentro, e que a consciência dele permanecia diretamente conectada com Deus Pai. Isso é pura mitologia! Prova de que Jesus tinha fé é que ele teve crise de fé: "Meu Deus, meu Deus, por que me abandonaste?" (*Mateus* 27,46).

Quantas vezes não nos sentimos abandonados por Deus! Há momentos em que ele faz um silêncio insuportável! Foi assim para muitos judeus e cristãos abalados em sua fé enquanto os fornos crematórios dos campos de concentração consumiam as vítimas do nazismo. Assim também me ocorreu poucos meses antes de ingressar no noviciado dos dominicanos. O Deus que despertara em mim a vocação religiosa e me fizera abandonar a faculdade e a militância estudantil para entrar em um convento, de repente silenciara. Na obscuridade da noite que se fez em meu espírito, como Jacó, lutei com o anjo "até surgir a aurora" (*Gênesis* 32,25-30). Foram pelo menos sete meses de profunda angústia. Como um mosaico que se desfaz, restaram-me fragmentos de fé e muitas, muitas dúvidas, que me conduziram à descrença. O mestre de noviços, frei Henrique Marques da Silva, recomendou-me a leitura das obras de santa Teresa de Ávila, que me resgataram de uma religiosidade sociológica para uma fé teologal. Deus deixou de ser para mim um conceito para tornar-se uma experiência de amor.

A comprovação de que Jesus tinha fé como nós temos é que ele dedicava longas horas do dia à oração. Quem tem a visão direta de Deus não precisa orar. Só o faz quem se sente impelido a aprofundar a sua relação de intimidade com Deus.

Lucas registra com acuidade os momentos de oração de Jesus: "Ele, porém, permanecia retirado em lugares desertos e orava" (5,16); "naqueles dias, ele foi à montanha para orar e passou a noite inteira em oração a Deus" (6,12); "certo dia, ele orava em particular" (9,18); "ele subiu a montanha para orar" (9,28).

A oração é para o cristão o que a relação sexual é para o casal que se ama. O casal que se ama e não tem momentos de intimidade é como o cristão que diz que ama a Deus e ao próximo, mas não reserva momentos de intimidade com Deus. Esses momentos chamam-se oração.

Lucas observa que "Jesus se levantou muito cedo e foi a um lugar deserto para orar" (4,42) ou que "subiu ao monte e passou a noite toda em oração" (6,12). Quem de nós passa "a noite toda em oração"? Nós, filhos da modernidade, ao contrário dos povos indígenas, somos escravos do tempo. Trazemos no pulso as algemas do tempo, dividido em horas, minutos e segundos. Não sabemos "perder" tempo com Deus. Cada vez mais oramos menos. Perdemos a dimensão da gratuidade do amor de Deus.

Imagine os pais dizerem à filha enamorada: "Ontem você ficou muito tempo com seu namorado. Por que ficou namorando por tantas horas?". Onde há amor, o tempo é estorvo. O sonho dos amantes é fazer os ponteiros do relógio pararem no infinito. No entanto, não fazemos isso com Deus. Nós, escravos do tempo, não sabemos dispor sequer de poucos minutos para desfrutar da experiência amorosa de Deus. Falamos de Deus, falamos sobre Deus, rogamos a Deus, suplicamos a Deus... mas não deixamos Deus falar em nós.

Um dos maiores desafios da vida espiritual é reservar, em nosso dia a dia, alguns momentos para curtir o amor de Deus, assim como encontramos um tempo para comer e dormir. Sim, sei muito bem que essas duas coisas situam-se na esfera da necessidade, enquanto "namorar" Deus pertence à esfera da gratuidade.

Nossa cultura ensina que tempo é dinheiro. Só se gasta tempo com aquilo que vai ter proveito imediato e palpável. Daí a dificuldade de abrir, em nossas vidas, espaço para a oração.

Não há dificuldade de abrir espaço para a relação amorosa, sobretudo quando ela irrompe como paixão. A pessoa mais ocupada do mundo haverá de encontrar tempo para o ser amado, ainda que obrigada a sacrificar o sono e a agenda de trabalho. Claro, nesse caso há um "retorno", o sentir-se amado. Sente-se que a relação custo/benefício é positiva. Em se tratando da relação com Deus, as coisas são um tanto diferentes. E onde reside essa diferença? É que Deus é ciumento e, portanto, exige que, primeiro, abandonemos os antigos "amores", ou seja, tantos apegos e supostos valores que nos impedem de estar próximos dele. Sem tais renúncias, nosso espírito permanece opaco à sua presença. Ele exige, como todo amante, exclusividade. Porém, ao contrário dos amantes, não nos quer só para ele. Faz do amor que tem a nós fonte transbordante de amor à natureza e aos outros. Isso se chama felicidade.

Por que orar? Para dilatar o coração e ser capaz de amar assim como Jesus amava. O contrário do medo não é a coragem, é a fé, essa planta que, para vicejar, exige água (a oração) e sol (o Transcendente). Sem regar, a planta morre calcinada.

Essa apreensão amorosa do Transcendente faz desaparecer a ideia de um Ser castigador e repressor. O temor abre espaço ao amor. Deus passa a ser apreendido, como dizia o papa João Paulo I, "mais como Mãe do que como Pai".

Os místicos de todas as religiões e correntes espirituais ensinam que a oração é como a relação entre duas pessoas que se amam: do flerte, repleto de indagações e fascínio, nasce a proximidade. O namoro é feito de preces, pedidos e louvores. O noivado favorece a intimidade de quem se abre inteiro à presença do outro. Vira os amados pelo avesso. As palavras já não são necessárias. O silêncio plenifica. Enfim, as núpcias, essa simbiose que levou o apóstolo Paulo a exclamar: "Já não sou eu que vivo, é Cristo que vive em mim". Eis a paixão inelutável, a gravidez do espírito, o vazio de si repleto de Totalidade.

A fé nos revela que o divino se derrama apaixonadamente sobre cada um de nós. Se ele deixasse de amar, deixaria de ser Deus. É a pessoa que, na sua liberdade, se abre mais ou menos à sua presença amorosa.

A sadia experiência da fé nada tem de fuga do mundo ou do narcisismo espiritualista de quem faz da religião mero antídoto para angústias individuais. Nela articulam-se contemplação e serviço ao próximo, oração e vida, alegria e justiça.

Jesus, paradigma na experiência da fé, convida a todos que o encontram a fazer de Deus o seu caso de amor. E avisa: os novos tempos não surgem na virada dos séculos ou dos milênios, mas no coração que se converte, muda de rumo, e descobre que o próximo e o mundo são moradas divinas.

Orar é entrar em sintonia com Deus. Há muitas maneiras de fazê-lo, e não se pode dizer que esta é melhor que aquela. Há orações individuais ou coletivas, baseadas em fórmulas ou espontâneas, cantadas ou recitadas. Os salmos, por exemplo, são orações poéticas, das quais cerca de cem expressam lamentação e/ou denúncia, e cinquenta, louvor.

Nós, ocidentais, temos dificuldade de orar, devido ao nosso racionalismo. Em geral, ficamos na soleira da porta, entregues à oração que se apoia nos sentidos (uma música, uma dança, a observação de paisagens e vitrais etc.) ou na razão (leituras, reflexões, fórmulas etc.).

Orar é entrar em relação de amor. Jesus sugeriu não multiplicar as palavras. Deus conhece os nossos anseios e necessidades. Na oração, é preciso entregar-se e deixar que ele ore em nós. Se temos resistência à oração é porque, muitas vezes, tememos a exigência de conversão que ela encerra. Parar diante de Deus é parar diante de si mesmo. Como num espelho, ao orar vemos o nosso verdadeiro perfil — dobras do egoísmo realçadas, mágoas acumuladas, inveja entranhada, apegos enrijecidos. Daí a tendência a não orar ou fazer orações que não revirem ao avesso a nossa subjetividade.

Os místicos, mestres da oração, sugerem aprendermos a meditar. Esvaziar a mente de todas as fantasias e ideias, e deixar fluir o sopro do Espírito no silêncio do coração. É um exercício cujo método a literatura mística ensina. Mas é preciso, como Jesus, reservar tempo para isso.

Oramos para aprender a amar como Jesus amava. Só a força do Espírito dilata o coração. Portanto, uma vida de oração se avalia, não pelos momentos entregues a ela, e sim pelos frutos na vida cotidiana: os valores elencados como bem-aventuranças no Sermão da Montanha (*Mateus* 5,1-12). Ou seja, pureza de coração, desprendimento, fome de justiça, compaixão, destemor nas perseguições etc.

Orar é deixar-se amar por Deus. É deixar o silêncio de Deus ressoar em nosso espírito. É permitir que faça morada em nós. Sem cair no farisaísmo de achar que a minha oração é melhor do que a sua, como aquele fariseu diante do publicano (*Lucas* 18,9-14). Quem ora procura agir como Jesus agiria. Sem temer os conflitos decorrentes de atitudes que contradizem os antivalores da sociedade consumista e individualista em que vivemos.

Orar é subverter-se a si próprio. Centrado em Deus, o orante descentra-se nos outros, e imprime à sua vida a felicidade de amar porque se sabe amado. Parafraseando Jó, antes de orar se conhece a Deus "por ouvir falar". Depois, por experimentar. O que levou Jung a exclamar: "Eu não creio. Eu sei".

Método de oração

Deve-se inicialmente reavaliar como se tem rezado, que dificuldades têm sido encontradas. Na vida de oração é preciso distinguir o teologal do moral. O teologal é o diálogo íntimo com Deus, consciente de que o orante é um pecador aberto à misericórdia do Pai. Este não exige uma conduta moral exemplar de quem pretende dele se aproximar. Como bem o mostra a parábola do filho pródigo, é o Pai que vai ao encontro do filho arrependido, disposto à reconciliação. Assim, a oração é fator de reconciliação da pessoa com Deus, e dela mais necessitam justamente aqueles que se sentem, de algum modo, em contradição com o projeto e a vontade dele.

O silêncio é a matéria-prima do amor e da oração. Não se trata apenas do silêncio exterior, tão difícil hoje nas grandes cidades. Trata-se, sobretudo, do silêncio interior, que resulta do descanso físico e mental, da concentração, do controle do desejo e da ansiedade, e de deixar-se habitar pelo Espírito. Sob estafa, a oração é como trocar a refeição calma e farta por um sanduíche vendido na esquina e comido de pé...

São João da Cruz recomenda que, no trabalho, a pessoa se assemelhe à cortiça na água, ou seja, sem nunca se deixar submergir.

Saber dosar as tarefas, não se julgar insubstituível, evitar a multiplicação incessante de compromissos e respeitar o ritmo do organismo e da mente, é uma sabedoria a ser conquistada por quem pretende aprofundar-se na vida de oração.

A concentração é obtida através de exercícios que exigem o isolamento do corpo e da mente. Primeiro, é preciso descobrir o gosto pela solidão. Estar só em casa ou num parque, simplesmente observando detalhes, contemplando esses infinitos objetos e movimentos que sinalizam a plenitude divina. Controlar o desejo, negando aos ouvidos a música gostosa ou, aos olhos, a curiosidade de devorar notícias à primeira hora da manhã. Suprimir, durante uma semana, um dos alimentos a que se está acostumado — como a carne ou o açúcar —, nesse treino de tornar-se sempre mais independente diante das coisas e mais senhor ou senhora de si mesmo.

Mente dispersa é como uma casa com todas as janelas abertas numa ventania. É preciso fechar as janelas e portas da mente, através de exercícios apropriados, como centrar a atenção na própria respiração, contando as inspirações e expirações, sem mudar seu ritmo, de 1 a 4 e novamente recomeçando, como se não houvesse outra coisa com que se preocupar. É bom também ficar numa posição cômoda — desde que não seja deitado — durante quinze ou vinte minutos, de olhos fechados, fixando-se na ideia de que toda a mente está ocupada por uma nuvem branca, muito densa, que não permite a entrada ou a permanência de nenhuma outra imagem ou pensamento.

Deixar-se habitar pelo Espírito é mergulhar no amor de Deus, que nos envolve por todos os lados. Ele jamais deixa de amar as pessoas. São estas que, movidas por falsas noções religiosas, podem imaginar que Deus as abandona. Ora, Deus é amor e, portanto, não pode negar a si mesmo. Ele ama em qualquer circunstância, pois o seu ser é amor. A pessoa é que se abre mais ou menos a esse amor que se derrama gratuitamente, querendo inundar corações.

A experiência de Deus não é algo que se situe no plano da consciência e sim na inconsciência. O místico é aquele que conseguiu, na acolhida do dom de Deus, reduzir o espaço que há entre o consciente e o inconsciente. Lá no centro de si mesmo, a pessoa encontra Deus, âmago de seu ser e energia de seu existir.

Nosso modo de rezar tem a ver com a nossa visão de Deus. Quem confia, entrega-se; quem teme, roga; quem ama, espera; quem duvida, racionaliza.

Arte da meditação

Meditar não é difícil como se imagina. É como aprender a nadar ou andar de bicicleta. Para quem não sabe, são tarefas arriscadas, perigosas. Depois que se aprende, faz-se sem pensar.

Para aprender a meditar, deve-se ter um mínimo de disciplina: reservar tempo, assim como se larga tudo para fazer uma refeição ou dormir. A desculpa da falta de tempo é o sinal de que não estou mesmo desejando entrar em comunhão com Deus. Ninguém aprende a nadar sem dedicar um certo tempo ao aprendizado.

A meditação é uma experiência amorosa. Quem ama dedica tempo à pessoa amada. Sem agenda, pressa e telefone ligado. E sem a menor preocupação com o que se haverá de conversar. Os verdadeiros amantes sabem ficar em silêncio, curtindo tão somente a presença um do outro.

Deve-se estar bem consciente de que a mente egocêntrica não é capaz de entrar no mundo da meditação. Medita-se com o coração, não com a razão; com o inconsciente, não com o consciente; com o não pensar, não com o pensar. Assim, de condutor passa-se à condição de conduzido.

É preciso perder a mania de querer tudo controlar através da mente. É preciso despojar-se dela. Calá-la. Penetrar nos seus bastidores. Virá-la pelo avesso. Fechar os olhos da mente, tão gulosa e soberana. Quanto mais conseguir cegá-la, mais se verá a luz. A mente é capaz de apreender a física da luz. Mas não a própria luz — esta, só a meditação capta.

Meditar é mergulhar no mar. Não se pode possuir ou reter o oceano. Mas sim banhar-se nele, deixar que nos envolva, embale e carregue em suas ondas. Se somos capazes desse mergulho, então começamos a meditar.

O mar está sempre lá. Nós é que devemos dar os passos em sua direção. Ele jamais se afasta e está sempre pronto a nos receber. Mas é preciso livrar-nos das roupagens que tanto pesam em nós. Quanto menos, mais leveza dentro da água.

Entramos no mar. Mal sabemos nadar. De repente, percebemos que já não dá pé. É quando se inicia a meditação. O ego sente que já não tem apoio. A força da água é maior que a nossa capacidade de caminhar dentro dela.

Quanto mais fundo se penetra no mar, mais água nos envolve. Quanto mais mergulhamos, maior a profundidade alcançada. Em torno de nós, do lado direito e do esquerdo, acima da cabeça e abaixo dos pés, tudo é oceano.

Eis a meditação. Porém, se uma ideia furtiva ou uma preocupação nos atira na praia, não devemos nos inquietar. Basta retornar à água. Pois é infinito o oceano da meditação.

A meditação dilata a capacidade de abrir-nos ao amor de Deus e do próximo. E nos induz a não dar importância ao que não tem importância, livrando-nos de sofrimentos inúteis.

Amizade olímpica

Séculos antes de o imperador Teodósio I, o Grande, proibir a Olimpíada, no ano 392, instigado por um bispo obtuso que via nos jogos uma manifestação pagã, existiu um atleta chamado Asiarques, que corria como uma lebre e participara, em Siracusa, de uma fracassada conspiração contra o tirano Dionísio, o Velho — o mesmo que frequentou as aulas de filosofia de Platão e depois o prendeu na gruta na qual nasceu o Mito da Caverna.

A condenação à morte de Asiarques foi decretada no momento em que ele recebeu a convocação para participar dos Jogos Olímpicos. O réu implorou que a sentença fosse adiada até retornar de Olímpia coroado por ramos de louro. E, como garantia de sua promessa, deixaria em seu lugar um amigo que seria executado, caso ele não voltasse.

O tirano, perplexo, disse que um amigo como aquele não existia no mundo. Asiarques garantiu que sim, e se chamava Pítias. Dionísio aceitou a proposta, pois jamais poderia acreditar numa amizade como aquela, embora soubesse que, se Asiarques regressasse vitorioso, seria politicamente difícil decapitá-lo.

Pítias era um daqueles jovens que bem aproveitaram as aulas de

Platão em Siracusa e, imbuído de virtudes morais, aceitou vincular o seu destino ao do amigo. Apresentou-se aos juízes para ocupar, na prisão, o lugar de Asiarques. Entre a população da cidade acirrou-se o debate: uns consideravam loucura Pítias confiar assim na promessa do amigo; outros viam em sua atitude moral uma façanha superior a obter vitória na Olimpíada.

Pítias foi recolhido à caverna conhecida como Orelha de Dionísio, por ter sua abertura recortada como um imenso ouvido — a mesma em que Platão padeceu antes de ser expulso de Siracusa —, enquanto Asiarques embarcou rumo ao Peloponeso para participar dos jogos, que duravam sete dias. A cidade continuou dividida: uns opinavam que Asiarques ficaria foragido em Olímpia, escondido no bosque de Altis; outros confiavam que o atleta não frustraria a confiança de seu amigo.

Contada a travessia do mar Jônico, Asiarques retornou três semanas depois, no mesmo dia em que expirava o prazo, mas sem a cabeça coroada. Enquanto metade da cidade se aglomerou no porto para receber o atleta, a outra metade se apertava em frente ao templo de Minerva, onde fora erguido o patíbulo.

Os verdugos já tinham trazido Pítias, que aguardava sereno, confiante de que seu amigo não o trairia. Asiarques foi o primeiro a desembarcar. Saiu correndo pelas ruas que separavam o porto do templo e chegou à praça no exato momento em que o prazo expirava. Pítias olhou para o amigo com um sorriso. A extraordinária manifestação de amizade comoveu todos os habitantes de Siracusa, que travaram nova discussão: quem havia dado maior prova de amizade, Pítias, ao pôr em risco a vida em troca de nada, ou Asiarques, ao retornar para impedir a morte do amigo?

O atleta foi aclamado como se a sua disposição de abraçar a morte superasse todas as glórias dos Jogos Olímpicos. Dionísio deixou o seu trono diante do patíbulo e pousou na cabeça de Asiarques a coroa de ramos de louro. Exaltou seu exemplo com os versos que Píndaro cunhara para os campeões olímpicos e, em seguida, mandou soltar

Pítias e fez sinal para que o réu fosse executado. Depois, promoveu-lhe um enterro com todas as honras fúnebres.

Aristóteles, em *Ética a Nicômaco*, frisa que a amizade é o maior de todos os bens, e que o verdadeiro amigo é aquele que se sente mais feliz em agradar o amigo do que em ser agradado. E conclui: "Sem amigo ninguém poderia viver, ainda que possuísse todos os bens" (*Livro* VIII, 5). Poucos séculos depois, na Palestina, talvez após ouvir a história da amizade entre Asiarques e Pítias, Jesus de Nazaré proclamou: "Ninguém tem maior amor do que aquele que dá a vida por seus amigos" (*João* 15).

Amar o próximo

É bom recordar o preceito de Jesus que resume todo o conteúdo da Bíblia e a sabedoria da vida: "Amar o próximo como a si mesmo" (*Mateus* 22,39). Eis a essência de todas as religiões e de todas as virtudes.

Não é nada fácil cumprir um mandamento aparentemente tão simples. "Quem é meu próximo?", perguntou a Jesus o doutor da lei. E ouviu como resposta a parábola do bom samaritano (*Lucas* 10,25-37). Nela, Jesus deixa claro que o próximo não é aquele que encontramos no caminho. O próximo é, em especial, aquele cuja carência — material, psíquica ou espiritual — faz com que modifiquemos o nosso próprio caminho, alteremos a nossa rota, para dar-lhe atenção e dele cuidar. Foi o que fez o samaritano ao deparar-se com um desconhecido caído à beira da estrada.

Todos vivemos permanentemente cercados de "próximos": pessoas que conhecemos pelo nome e com quem mantemos relações de parentesco, vizinhança, trabalho ou amizade. Nem todas são propriamente amáveis. Nossa capacidade de amar é seletiva. Amamos quem nos ama, agradamos a quem nos agrada, servimos a quem nos serve.

Há sempre uma reciprocidade que não é necessariamente interesseira. Trata-se de uma questão de empatia, simpatia, afinidade, propósitos e ideais comuns. E sabemos o quanto é difícil manifestar amor aos chatos e inoportunos. Sobretudo aos que se intrometem em nossas vidas sem ser convidados.

Não é nada fácil delimitar onde termina o amor e começa o interesse. Somos todos, sem exceção, um feixe de contradições. Por vezes gostamos de uma pessoa porque ela abastece a nossa autoestima, incensa-nos o ego, tolera os nossos defeitos. Por isso, se diz que o verdadeiro amor se conhece nos tempos de vacas magras.

Somos capazes de amar quem nos critica? Ou melhor, recebemos a crítica como ofensa ou como sinal de amor? Há, sim, críticas ofensivas, carregadas de rejeição. Mas quem de nós pede aos amigos que nos manifestem suas críticas?

Pascal afirma que "o homem que só ama a si mesmo a nada odeia tanto como ficar só consigo mesmo". Pois, quando se vê, não vê o que acredita que os outros veem nele, e sim a sua inconsistência, o seu vazio, a sua miserável pretensão. Quem se recusa a ser solidário corre o risco de ficar solitário.

Jesus diz que devemos amar o próximo como a nós mesmos. Ou seja, há uma condição para bem amar: gostar de si! A recíproca é facilmente percebível: ai de quem se encontra à nossa volta quando estamos mal conosco!

Amar a si próprio nada tem a ver com o nefasto sentimento de arrogância ou prepotência de quem se julga melhor do que os outros. Isso não é amor, é egocentrismo. Amar a si mesmo é ser humilde, palavra que deriva de húmus, terra, e significa ter os pés no chão e não se considerar nem maior nem menor do que ninguém. Sobretudo é cultivar valores espirituais e, portanto, sentir-se bem consigo, malgrado as incompreensões e as adversidades, e querer fazer o bem ao próximo.

As mais tradicionais correntes religiosas concordam que o agir humano deveria consistir em jamais fazer aos outros o que não queremos que nos façam. Este é o mais elementar princípio ético. Jesus o inverteu positivamente. E foi além ao exigir de seus discípulos que amem seus inimigos.

Amar o inimigo não é suportar calado as ofensas dele, aguentar resignado a opressão, deixar-se explorar sem protestar. É querer o bem dele, a ponto de ajudá-lo a deixar de ser arrogante, opressor ou explorador.

Assim, podemos entender o gesto ousado de Jesus ao derrubar as mesas dos cambistas no Templo de Jerusalém e ainda expulsá-los dali com uma chibata feita de cordas. Tratou de fazê-los descer do pedestal em que se encontravam e dar-lhes consciência de que a casa de Deus não é um mercado, nem a fé um produto que se negocia.

O amor apoia-se em duas pernas: respeito e justiça. Para consigo, os outros, a natureza e Deus. Mas quem ama de verdade nem precisa pensar no modo de caminhar. Assim como quem respira não se dá conta da inspiração e da expiração.

Deus, a questão

"Só há uma questão verdadeiramente filosófica: a existência de Deus", diz Kirilov, um dos personagens do escritor Dostoiévski. "Se Deus não existe, então tudo é permitido."

Paulo, o apóstolo, preferiu sobrepor o amor à fé. "Ainda que eu tivesse fé capaz de transportar montanhas, mas não tivesse o amor, seria como o bronze que soa e isso de nada me adiantaria" (1ª *Coríntios* 13). Quatro séculos mais tarde, santo Agostinho resumiria o hino paulino numa proposta: "Ama e faze o que quiser".

Deus inquieta-nos. Não é fácil ignorá-lo. Prova disso é que não se restringem à mera indiferença aqueles que o negam; constituem um movimento de rejeição militante: o ateísmo.

Muito contribuíram para suscitar o interesse por Deus os manuais soviéticos que pregavam o ateísmo, disse-me em Moscou um teólogo da Igreja Ortodoxa Russa. A insistência em negá-lo despertava em crianças e jovens o apetite pelo "fruto proibido".

Deus era conatural às civilizações da Antiguidade. A antropologia desconhece casos de tribos ateias. O que levou Comte a acreditar, induzido por uma lógica mecanicista, que a religião era um estágio primitivo de cultura, e a ciência, o ápice.

Três séculos antes, Descartes admitira sua finitude diante da infinitude divina: como seres imperfeitos como nós podem trazer na mente a ideia de um ser perfeito? Bafejado por Aristóteles, Tomás de Aquino, no século XIII, cedeu à tentação de querer provar a existência divina pela via racional.

Um deus que precisa ser provado não merece ser Deus. Banhar-se nas águas do rio é muito diferente de conhecer fórmula e propriedades químicas da água. Outrora, os deuses promoviam a coesão dos povos. O céu estava povoado por inúmeros deles. Até que um casal de sem-terra do atual Iraque, Abraão e Sara, tomou o rumo do Egito, em busca de melhores condições de vida. Ao passar pelo monte Moriá, na atual Jerusalém, recebeu a revelação de Javé, o Deus único.

Jesus fez Deus descer de sua solidão celestial e habitar o humano. "E o Verbo se fez carne." Fundiram-se, então, o céu e a terra, o divino e o humano. O Senhor dos Exércitos, cujo nome era impronunciável pelos hebreus, revelou-se, em Jesus, como *Abba*, o Pai amoroso que "cobre de beijos" o filho pródigo.

Essa avassaladora paixão do Criador por suas criaturas assusta aqueles que pretendem ser seus únicos porta-vozes. Daí a tendência de as religiões aprisionarem Deus na figura de um irado inquisidor, burocratizando o amor divino e congelando-o em doutrinas maniqueístas, nas quais o castigo predomina sobre o perdão e a disciplina, sobre a liberdade.

No século XX, o clamor de duas grandes guerras encheu de silêncio de Deus céus e corações humanos. Motivados pelo racionalismo, Marx e Freud já haviam concordado que a ideia de Deus é uma inversão compensatória de nossas incompletudes. Só não se deram conta de que a razão é a imperfeição da inteligência.

Deus, no entanto, mostra-se agora mais vivo do que nunca. Da expansão de novas Igrejas ao esoterismo, do gnosticismo acadêmico aos movimentos pentecostais, há muitos sinais de que ele é incessantemente buscado. É o ateísmo que se encontra em crise. Quando muito, o cético diz-se agnóstico. Enquanto isso, Deus desborda dos cânones institucionais, burla a vigilância eclesiástica e ocupa, com o seu toque sutil, o coração dos pobres e também de físicos, intelectuais e artistas renomados. A fé, aliás, é um dom da inteligência.

Deus é, de fato, a questão axial da existência humana. Tudo mais são contingências. Mas, para acolhê-lo, é preciso dobrar os joelhos e deixar-se habitar por seu Espírito amoroso.

Como mero objeto de fé, Deus não passa de mito se, em nossas vidas, não se traduz em amor que liberta, segundo os novos mandamentos descritos no Sermão da Montanha. E, para nós, cristãos, o centro da revelação divina é Jesus, com quem Dostoiévski, se instado a escolher, preferiria ficar a ficar com a verdade.

PARTE 2
DEUS E A MODERNIDADE

Fome de Deus

Pedi a trinta jovens, alunos do ensino médio — que ignoravam quem sou e o que faço — para escolher uma, entre quatro sugestões, para servir de objeto do nosso diálogo: sexualidade, política, espiritualidade e ditadura militar. Dezoito votaram em espiritualidade. Repeti a proposta em outra classe de 31 alunos. Vinte e um fizeram a mesma escolha. O resultado revela como é profunda a fome de Deus.

Deus é, hoje, o mais intrigante e inquietante objeto de desejo. Há uma infinidade de intermediários oferecendo ao mercado da credulidade o Produto Divino em diversas embalagens — do esoterismo arcaico ao pentecostalismo extático, das premonições zodiacais à mídia eletrônica monitorada por pastores milionários. As Igrejas históricas, católica e protestante, procuram se adaptar aos novos tempos, constrangidas sob o peso de suas próprias estruturas. De certo modo, as comunidades eclesiais de base respondem à vocação gregária das classes populares, ligando fé e vida. No entanto, as pessoas querem mais, muito mais: anseiam por conhecer, na boca da alma, o sabor de Deus.

Após a liberação sexual dos anos 1960 e a crise do racionalismo da década seguinte, a subjetividade e, com ela, a vida interior ocupam o primeiro plano. Só que as pessoas não parecem muito interessadas em modelos prontos, como os que são ofertados por Igrejas históricas. Fazem agora com a religião o que fizeram com a moda: abre-se o guarda-roupa e escolhem-se, aqui e ali, diferentes peças que compõem o figurino espiritual de cada um. Assim, misturam-se culto a Nossa Senhora, candomblé, meditação bíblica, I Ching etc. Essa efervescência demonstra um ressurgimento espiritual para o qual a estrutura paroquial, de corte rural e monárquica, não parece em condições de responder.

O que se busca não é ouvir falar de Deus, falar sobre Deus ou mesmo falar a Deus. Busca-se, sobretudo, deixar que Deus rompa o seu silêncio e fale no íntimo de cada um. Como Jó, as pessoas já não querem conhecê-lo por ouvir falar, mas sim poder dizer com ele: "Eu te conhecia só de ouvir. Agora, porém, os meus olhos te veem" (*Jó* 42,5). Essa experiência de Deus é a mais radical nostalgia humana. Estamos todos, sem exceção, em busca dela, embora por caminhos e justificativas diversas. A novidade é que, agora, descobrimos que, como ensinava Plotino, basta fechar os olhos para poder ver melhor.

André Malraux previa que o século XXI seria a era da mística. Talvez quisesse sugerir um tempo em que a abertura à transcendência levasse a humanidade, enfim, à transparência. Hoje, por mais que tente evitá-lo, nenhuma proposta política séria pode fugir ao tema da ética e da moral. O declínio dos países do Leste Europeu nos ensinou que não se pode construir uma casa nova com material velho. Enfrentar o desafio da criação de homens e mulheres novos é tão urgente e revolucionário quanto lutar por um mundo em que o homem não seja mais o lobo do homem. E no qual Jesus, o Homem Novo por excelência, possa fazer em nós a sua morada.

Deus não tem religião

Deus está na moda. Corações e mentes são atraídos pela experiência do mistério da fé: esse dom que nos permite "ver" o Invisível, acreditar naquilo que se espera e desfrutar o Transcendente como amor.

Na fronteira entre a modernidade e a pós-modernidade, o racionalismo entrou em crise; o consumismo sacia, para quem pode, a fome de pão, mas não a de beleza; a crise das ideologias induz as pessoas a voltarem à subjetividade.

Essa "gula de Deus", na expressão de Rimbaud, sinaliza a busca de um sentido para a existência numa sociedade carente de sentido. Sem utopias, os jovens correm o risco de procurar o sonho nas drogas; sem esperança, muitos trocam a solidariedade pela competição e a compaixão pela ambição; sem amor, as relações são tratadas pela lei da oferta e da procura.

Ocorre que o ser humano é vocacionado à transcendência. Ele é o único ser da natureza que não se basta. Seu desejo não faz concessão: almeja a comunhão com o Transcendente, ainda que tateando por atalhos que iludem os sentidos e confundem a razão: posses, *status*, poder etc.

A crise da modernidade induz-nos a fechar os olhos para ver melhor. Pela ótica da fé, descobrimos que a fome de Deus pode também ser saciada fora dos limites institucionais das Igrejas históricas. Até porque Deus não tem religião.

Max Weber assinalou as distinções entre as religiões do Ocidente e do Oriente. As ocidentais, como o cristianismo (que nasceu a meio caminho entre os dois hemisférios), baseiam-se na redenção. Os seres humanos não seguiram os desígnios divinos, mas Deus, em sua infinita misericórdia, enviou-nos um Salvador capaz de redimir os nossos pecados. As religiões orientais centram-se no aperfeiçoamento pessoal, na superação da dor, no equilíbrio interior.

Para o cristianismo, o ser humano não se salva sozinho, mas pela ação da graça de Deus. Para as tradições orientais, cada um é sujeito da própria salvação ou purificação, devendo retornar a este mundo até que as sucessivas reencarnações o façam alcançar o estado de perfeição espiritual.

A modernidade causou incômodo à Igreja Católica ao introduzir a democracia na vida social e deslocar o eixo teocêntrico da cultura medieval para o eixo antropocêntrico, fundado na razão. A Igreja não cedeu. Enquanto comunidade, manteve a sua estrutura hierárquica, autocrática. Do ponto de vista do indivíduo, fê-lo centrar-se no próprio umbigo. Introduziu a meritocracia no lugar da redenção operada por Jesus. Valorizou penitências, promessas, indulgências, como se apenas o mal ou o bem que cada um pratica decidisse a sua perdição ou salvação.

Assim, a modernidade cristã acabou criando no Ocidente, paradoxalmente, o caldo de uma cultura favorável à expansão das religiões orientais. Há, atualmente, uma busca voraz de espiritualidade, mas sem a mediação de sacerdotes e bispos, preceitos morais e sacramentos. Essa onda esotérica põe em questão o próprio Jesus. Sem intermediários e instituições, doutrinas e reflexão bíblico-teológica, os fiéis dessa crença sem religião experimentam uma abertura ao Transcendente como se Deus não tivesse nome nem história, revelação ou encarnação, promessa ou escatologia.

O êxito quantitativo das propostas religiosas que suprimem as mediações entre a subjetividade do fiel e Deus explica-se pelo que elas representam enquanto alternativa às Igrejas históricas. Nelas não há culpa, comunidade, catequese ou compromisso pastoral. Deus se reduz a uma difusa e prazerosa energia que traz alívio e alento, sem exigências de justiça social. O amor se reduz ao âmbito das relações interpessoais.

Na disputa pelo mercado da crendice, a Igreja Católica corre o risco de ser levada pela onda e adotar o modelo subjetivista, em que o Credo é substituído pela letra de uma canção e a liturgia por movimentos aeróbicos. Tudo se transforma numa grande efusão espiritual que embevece, alucina, desata nós do psiquismo (daí o caráter terapêutico, as curas) e traz alegria às multidões, sem que o Evangelho seja anunciado, refletido, aprofundado, assumido e vivido enquanto fermento na massa. É a religião *light*, descompromissada, em que o "lá em cima" importa mais do que o reino anunciado por Jesus e que se situa lá na frente, onde a história alcança a civilização do amor.

Nietzsche: a morte de Deus e a vitória da exclusão

Em nome de Deus costumamos cometer injustiças. A mais frequente em reportagens publicadas é citar o filósofo Nietzsche (1844-1900) como arauto dos ateus. Bobagem. Nietzsche não proclamou a morte de Deus como quem acorda de um sonho. Deicida era a burguesia de sua época, que tinha fé cega na onipotência do progresso e na onisciência da pesquisa científica.

O filósofo do século XIX foi apenas a expressão de seu tempo. Em "O homem louco", texto da obra *A gaia ciência*, ele escreve: "Onde está Deus? Vou dizer-vos. Matamo-lo; vós e eu, todos somos seus assassinos. [...] O louco penetrou nas Igrejas e entoou seu *Requiem aeternam Deo*. Expulso dali e indagado por que fazia aquilo, respondia sempre: De que servem essas igrejas se são sepulcros e monumentos de Deus?" (Companhia das Letras, 2001).

Antes de ser deicida, Nietzsche é promotor. Acusa-nos de termos matado Deus. As nossas Igrejas, com leis desumanas, obsessão pelo diabo e peso da culpa, sepultam Deus como, há 2 mil anos, fez o Templo de Jerusalém, transformado em "covil de ladrões" (*Mateus* 21,13).

Essa imagem de Jesus, emprestada do profeta Jeremias, é perfeita. No covil, o ladrão sente-se abrigado, protegido, em casa.

Nietzsche não afirma a inexistência de Deus, como faz o ateu. Proclama a sua morte. "Ainda não percebemos a decomposição divina? [...] Os deuses também se decompõem. [...] Teremos que nos converter em deuses ou, pelo menos, parecer dignos dos deuses?"

O filósofo inverte a ótica cristã. Para ele, o Deus condenado à morte é o dos pobres e das vítimas. A ascensão da burguesia e o fascínio da razão exaltam o Deus do poder. Onde a fé cristã vê ídolo, o filósofo enxerga divindade. E vice-versa.

"Deus morreu, mas os homens são de tal jeito que, talvez, ao longo de milhares de anos, apontarão sua sombra em cavernas. Deus está morto, mas seu cadáver queda insepulto, em decomposição, e sua sombra dança ao fundo da caverna. E quem o matou? Nós, vós e eu, todos somos seus assassinos." Aqui, Nietzsche expia a culpa que o antissemitismo cristão imputara aos judeus. Não foram os filhos de Abraão que assassinaram Deus. Foram todos os que acreditam apenas na vitória de suas próprias forças e na pujança do progresso.

Nietzsche proclamou a sua crença. Ele não acreditava no Deus dos pobres, no Deus de Jesus. Rejeitou, contundente, o Deus de são Paulo, o Crucificado, que se solidariza com os excluídos. O filósofo vociferou contra Paulo, acusando-o de trocar o Todo-Poderoso por aquele que assumiu em tudo a condição humana, exceto no pecado. Seu livro *O Anticristo* é, de fato, um manifesto antipaulo.

Deus está morto. E fede. É a "decomposição" de Deus que perturba Nietzsche. Deus apodrece. Onde? Não nos céus, mas no corpo dos famintos, dos enfermos, dos andrajosos, dos torturados, dos excluídos. É a escória, com a qual se identifica o Deus de Jesus, que incomodou o filósofo e todos aqueles que só têm olhos para os vencedores, nunca para os vencidos.

Para que Deus morra definitivamente e Prometeu se liberte de suas correntes, é preciso que, antes, morram aqueles que teimam em manter o seu cadáver insepulto. Portanto, devem ser apartados todos os que defendem a universalidade do humano, a dignidade dos pobres, o antiniilismo, o sentido. Nada mais nietzschiano que o neoliberalismo, que não nega a existência de Deus, mas faz dele o Senhor da riqueza e do mercado. Abaixo o humanismo! Abaixo a solidariedade! Abaixo a utopia! E viva a competição! Agora só há lugar para quimeras consumistas, acumulação, pragmatismo, individualismo. Enterre-se o Deus dos pobres e cubra-se sua sombra com a policromia da abastança.

O filósofo Benedetto Croce proclamou "a morte de Marx". Em sua visita à Guatemala, o papa João Paulo II declarou que "a Teologia da Libertação está morta". Tudo que traz à tona a escória do mundo faz emergir a podridão, abre a tampa da fossa e, então, a realidade putrescente enoja narinas e agride o olhar.

Nietzsche colocou sua esperança na morte de Deus; a Teologia da Libertação, na ressurreição do Crucificado. No cenário nietzschiano, sai Deus e entra o ser humano vitorioso: "Diante da plebe não queremos ser iguais. Homens superiores, não saiam à praça! [...] Ao descer ele (Deus) à tumba, vós haveis ressuscitado. [...] Deus morreu; viva o super-homem — tal é nossa vontade" (*Assim falou Zaratustra*, Companhia das Letras, 2011). Vontade de ver no outro o inimigo e tratar de destruí-lo: "A inimizade é outro triunfo de nossa espiritualização. Consiste em compreender profundamente o que se ganha em ter inimigos. [...] Quando se renuncia à guerra, se renuncia à vida maior" (*O crepúsculo dos deuses*).

Nietzsche apregoou a aniquilação dos perdedores. É o filósofo da exclusão. O sistema exige que, com a morte do Deus dos excluídos, morra a teologia dos excluídos, o marxismo e toda análise crítica. Por isso, aqueles que insistem em denunciar que o rei está nu são tachados de "perfeitos idiotas", "neobobos" ou dotados de "sentimentos toscos", na falta de argumentos consistentes. O trio Mendoza-Montaner-Vargas Llosa, autores do *Manual do perfeito idiota latino-americano* anda em boa companhia. Hitler também tratava seus opositores de "idiotas e traidores" (*Dumköpfe oder Verräter*). Não se admite que, fora da lógica do sistema, haja razão. Só idiotice. E, como dizia o personagem de Dostoiévski, se Deus não existe, tudo é permitido.

Diálogo entre ciência e fé

Fé e ciência nem sempre tiveram bom entendimento. As primeiras respostas às indagações do ser humano a respeito do Cosmo, dos fenômenos naturais e da vida, foram dadas pela religião. Xamãs, feiticeiros, gurus e sacerdotes faziam a mediação entre o Céu e a Terra.

A religião é filha da fé; a ciência, da razão. A religião mirou com desconfiança as pesquisas científicas dos gregos antigos. Não admitia que fatos narrados na Bíblia fossem apenas mitos e símbolos, sem base científica, como a existência de Adão e Eva, a edificação da Torre de Babel e o Dilúvio Universal.

Durante 1300 anos, a Igreja se apegou à cosmologia de Ptolomeu (90-168), adequada à crença de que a Terra seria o centro do Universo, onde Deus se encarnou em Jesus.

Se a fé parte de verdades reveladas sem comprovação experimental, a ciência é o reino da dúvida, e se apoia em pesquisas empíricas. A fé apreende a essência das coisas; a ciência, a existência.

Para a ciência, não importa quem ou por que, importa como. A ela não interessa quem criou o Universo e qual a finalidade de nossas vidas. Quer saber como funcionam as leis cosmológicas, como as forças da natureza interagem entre si, como retardar o envelhecimento de nossas células, ampliando nosso tempo de vida.

O diálogo entre fé e ciência iniciou-se quando, na modernidade, a razão se emancipou da religião. Copérnico, Galileu e Giordano Bruno que o digam. Houve atritos e condenações recíprocas, até que a extensa obra do jesuíta Pierre Teilhard de Chardin (1881-1955) — geólogo, paleontólogo e teólogo — fez a Igreja Católica reconhecer que a fé pode não estar de acordo com o uso que se faz de descobertas científicas, como a fissão do átomo para a construção de ogivas nucleares, mas jamais negar a autonomia da ciência e o modo como ela desvenda os mistérios da natureza.

Nesse intuito de atualizar o diálogo entre a ciência e a fé, me reuni, durante três dias, em um hotel do Rio, com o físico teórico Marcelo Gleiser, onde fomos mediados por Waldemar Falcão, espiritualista e pesquisador de fenômenos esotéricos. De nosso encontro, resultou o livro *Conversa sobre a fé e a ciência* (Agir, 2006).

Marcelo Gleiser é originário de família judia, formado em Física pela PUC-Rio e, hoje, professor e pesquisador na Universidade de Dartmouth, nos Estados Unidos. Autor de excelentes obras, como a *Criação imperfeita* (Record, 2010), Gleiser considera-se agnóstico. Surpreenderam-me seus conhecimentos de história das religiões e de como elas se relacionam com a ciência.

Não tenho formação científica, mas muito cedo me interessei pelas obras de Teilhard de Chardin. Em 1963, publiquei apostilas sobre seu pensamento, hoje reunidas no livro *Sinfonia universal: a cosmovisão de Teilhard de Chardin* (Vozes, 2011).

Mais tarde, vi-me obrigado a me improvisar em professor de química, física e biologia em um curso supletivo. O dever virou prazer e me levou a escrever *A obra do artista: uma visão holística do Universo* (José Olympio, 2012).

Gleiser leu meus livros, e eu, os dele, o que favoreceu o nosso diálogo, no qual houve mais convergência que divergência, sobretudo no que concerne à correta postura da ciência diante da fé e da fé diante da ciência.

São esferas independentes, autônomas, que, no entanto, encontram suas sínteses em nossas vidas. Ninguém prescinde da ciência e de sua filha dileta, a tecnologia, assim como todos têm uma dimensão de fé, ainda que restrita ao amor que une marido e mulher.

Marcelo Gleiser e eu coincidimos em que a finalidade da ciência não é obter lucros (vide as indústrias farmacêuticas e bélicas), nem a da fé impor verdades (vide o fundamentalismo) ou arrecadar fundos (Jesus é o caminho, mas o padre ou pastor cobram pedágio...).

Ciência e fé servem para nos propiciar qualidade de vida, conhecimento da natureza e sentido transcendente à existência. Se pela fé descobrimos a origem e a finalidade do Universo e da vida e, pela ciência, como funcionam um e outro, tudo isso pouco importa se não nos conduz ao essencial: uma civilização na qual o amor seja também uma exigência política.

Teologia e modernidade

O século XVIII foi marcado pela revolução da pessoa consciente, capaz de conhecer e transformar a natureza e a sociedade. Enfim, de tomar a história nas próprias mãos, abandonando ao passado a ideia de que ela derivava de forças transcendentes e imprevisíveis.

Com o advento da razão — ponto de partida de todo conhecimento — nasceu a classe burguesa. Não mais se aceitava que a verdade deriva de uma revelação ou da autoridade. Tudo passa a ser submetido ao crivo da razão crítica. "Acabaram-se todos os milagres, pois agora a natureza é um sistema de leis conhecidas e reconhecidas; o homem se encontra nelas como em seu próprio terreno e só vale aquilo que lhe é próprio, e o conhecimento da natureza o faz livre" (Hegel).

A nova conjuntura colocou questões à fé cristã. A primeira reação da Igreja foi abrigar-se na solidez da teologia medieval, procurando ignorar o mundo que emergia.

A Revolução Industrial deu início ao processo de produção e distribuição rápidas e em larga escala dos bens de consumo. No seio das novas contradições sociais, surgiu o tema das liberdades individuais. Rousseau estabeleceu a distinção entre o cidadão, como homem público, e a pessoa privada. A Revolução Francesa lançou as bases da ordem democrática e os direitos humanos.

A Ilustração entrou na Alemanha, na Inglaterra e na França por meio dos enciclopedistas. "O homem deixa de ser menor de idade" (Kant). Aprendeu a pensar com a própria cabeça e não mais pela lógica implacável das autoridades religiosas e políticas. O advento da razão colocou no centro da arena política o direito à liberdade.

AS BASES DO MUNDO MODERNO

Com a física de Galileu, o século XVI inaugurou a ciência experimental. Surgiu um conhecimento diferente e mais preciso do que o conhecimento filosófico. Metodologicamente ateia, a ciência trouxe no seu bojo a vaga da secularização. Buscava-se uma "filosofia prática" (Bacon).

Na política, o advento do Estado moderno marcou o fim do regime de cristandade. A esfera política tornou-se autônoma perante a Igreja. Maquiavel ensinou a encarar a política com critérios meramente políticos. Na filosofia surgiu, com Kant, uma nova teoria do conhecimento e uma nova ética; com Hegel, uma nova filosofia da história.

No âmbito religioso, a Reforma introduziu o individualismo na prática da fé. A Bíblia contrapôs-se à Igreja e a Palavra de Deus à autoridade eclesiástica.

O individualismo foi a característica mais marcante da ideologia moderna e da sociedade burguesa. O indivíduo era tido como centro autônomo de decisões. A iniciativa privada e o interesse individual tornaram-se os motores da atividade econômica. "Todo homem é livre para empregar seus braços, seu equipamento e seus capitais como bem entender. Pode fabricar o que lhe agrade e como queira" (*Declaração dos Direitos do Homem e do Cidadão* da Revolução Francesa).

Os diferentes interesses individuais encontravam seu regulador no mercado: a lei da oferta e da procura. Foi sublinhado que o livre jogo de interesses individuais coincidia com o interesse geral. Assim, o sistema capitalista impôs-se como o regime econômico plenamente adequado à natureza humana. Por sua vez, a ordem social resultaria da liberdade individual e não mais da autoridade.

A sociedade supõe uma livre associação, "o contrato social". Ora, para haver contrato é preciso que haja partes iguais. A igualdade social surgiu, pois, como exigência da nova ordem social, porém entendida como decorrente daquela liberdade individual fundada na propriedade privada dos meios de produção. Proclamava-se que todos são iguais no ato de comprar e vender. Marx, no século XIX, revelaria a falsidade dessa suposta igualdade, mostrando que há desigualdade a partir do momento em que a maioria da população, desprovida de qualquer propriedade, é obrigada a vender sua força de trabalho em troca de salário.

A modernidade teve um sujeito histórico: a classe burguesa, que, do poder econômico, chegou também ao poder político.

A CRÍTICA À RELIGIÃO

Para o espírito moderno, a religião era obscurantista, supersticiosa e inimiga do progresso. O dogma, incompatível com a ciência. "Crença ou ciência", dizia-se. Segundo a Ilustração, ao impedir que a pessoa tome o destino em suas mãos, a religião contraria a liberdade e a autonomia individuais. No entanto, adotou-se uma atitude tolerante para com a religião, desde que não interferisse nos interesses econômicos. A economia capitalista apresentava-se como dessacralizadora.

Procurou-se uma religião racional, inevitavelmente elitista, distinta da religiosidade "supersticiosa e ignorante" das massas (Eco, 1997).

Acossada, ligada ao Antigo Regime, a Igreja denunciou as "liberdades modernas". A burguesia fez ouvidos moucos e, para se defender da nova classe gerada pela exploração do capital — o proletariado —, abrigou-se à sombra da Igreja. Burguesia e Igreja terminaram em matrimônio, mais por resignação e conveniência que propriamente por amor...

Os protestantes haviam entendido melhor o novo mundo emergente. Na Alemanha, o país da Reforma, a filosofia tinha seus mais expressivos representantes tão "ilustrados" quanto cristãos: Kant e Hegel. Ambos se propuseram a pensar a fé cristã no contexto da sociedade burguesa. Em sua ética, Kant procura demonstrar a racionalidade do cristianismo. Para Hegel, a história era o lócus do encontro entre filosofia e fé cristã. Surgiu a teologia liberal: Barth, Bultmann, Tillich.

A guerra de 1914-18 pôs em xeque o otimismo fácil da sociedade burguesa. Foi o fim da *belle époque*. Na Rússia, o socialismo chegou ao poder e, logo depois, o fascismo ameaçou a liberdade proclamada pela ideologia burguesa.

A modernidade era autossuficiente na compreensão que tinha de si. Ao perceber essa característica, Karl Barth situou a fé cristã como Palavra gratuitamente revelada, independentemente do esforço religioso do ser humano. Contudo, Bonhoeffer viria acusar Barth de ceder ao "positivismo da Revelação", deixando o mundo entregue a si próprio.

Sob o nazismo, Bonhoeffer encarou o desafio da modernidade à vida cristã: como pensar a fé de maneira não religiosa? Surgiu a teologia da secularização. Para Bonhoeffer, a noção de revelação está ligada à de poder, de Deus sobre o homem e do homem sobre Deus. Crer em um Deus todo-poderoso é crer em um deus religiosamente inaceitável pelo mundo moderno. Crer "irreligiosamente" é crer em um Deus débil e sofredor, segundo *Mateus* 8,17, que nos revela Cristo através de sua debilidade e sofrimento.

Fome de pão e de beleza

O tema da vida é, paradoxalmente, uma evocação da morte. Nesta árdua aventura existencial que não escolhemos e, no entanto, assumimos, vida e morte não são polos antagônicos, mas faces de um mesmo rosto: o sentido que imprimimos à nossa existência. Do mais íntimo do nosso ser — lá onde tateia a psicanálise — ao mais social e público — onde balbuciam as ciências políticas —, a dialética da vida e da morte é expressão de nossos anjos e demônios.

De algum modo, cada um de nós é dois. "Não faço o bem que quero, mas o mal que não quero", dizia são Paulo (*Romanos* 7,19). Sem regredir ao maniqueísmo e, muito menos, negar a unidade ontológica do ser humano, é fato que a ideologia da morte impregna em nossa existência o amargo sabor do egoísmo. Subvertem a nossa bondade intencional o Pinochet que nos habita, o Hitler que nos leva à ira, o aprendiz de ditador que se manifesta em nosso reduzido universo de poder.

Sim, como é difícil praticar, na esfera pessoal, a democracia apregoada em público! Nesse espaço cotidiano de inter-relações, toda espécie de opressão pode brotar: palavras que agridem, omissões que prejudicam, infidelidades que minam, ambições que poluem a transparência dos propósitos. Em nome da vida, semeia-se a morte alheia. Assina-se, assim, a própria sentença, pois a vida só alça voo e transcende o próprio eu na medida em que se faz amor aos outros.

Falar da vida é erguer-se contra o sistema que estruturalmente se alimenta da morte. A agonia diária do trabalhador explorado, a morte cívica dos direitos humanos negados, a marginalização política de quem não participa da escolha de seus governantes — são sinais da necrofilia de uma ordem social.

A violência não está engatilhada apenas no tambor de um revólver. Ela o precede, engendrando economicamente o contingente de excluídos do sistema. Nasce da decisão política de arrancar o pão da boca da coletividade, para que o valor de troca prevaleça sobre o valor de uso. Transformada em fetiche, a mercadoria entra no ritual dos lucros e exclui do templo toda a multidão de fiéis que não está revestida do manto sagrado da propriedade privada dos meios de produção ou do capital.

Mas não é só de pão que temos fome. Como diz o poeta cubano Onélio Cardozo, a fome de pão é saciável, fruto da justiça; voraz e insaciável é a fome de beleza, essa compulsiva atração que sentimos pela transcendência, a razão saturada em seus labirintos geométricos, o sabor estético que, em nosso silêncio, toma emprestadas a música, a letra, a imagem, a forma e as cores que exprimem o sentido do nosso existir.

É a sabedoria brotada da intuição que nos aponta o caminho adequado. É tão profundamente humana essa experiência de *tocar* o Inefável que a fé o denomina Deus. No amor, o gesto traduz essa sede, como quem ergue o copo repleto até a borda, bebe e constata, surpreso, que a sede foi apenas aplacada, jamais saciada. Pois só a Fonte de Água Viva, à beira do poço de Jacó, liberta o ser humano das seduções do Absurdo e lhe dá a conhecer a plenitude do Absoluto. Pois ele veio para dar a vida e vida em abundância (*João* 10,10).

Espiritualidade pós-moderna

O que caracteriza os tempos pós-modernos em que vivemos, segundo o filósofo Lyotard, é a falta de resposta para a questão do sentido da existência. Por enquanto, estamos na zona nebulosa da terceira margem do rio.

A modernidade agoniza, solapada por esse buraco aberto no centro do coração pela cultura da abundância. Nunca a felicidade foi tão insistentemente ofertada. Está ao alcance da mão, ali na prateleira, na loja da esquina, anunciada em todo tipo de mercadorias.

No entanto, a alma se dilacera, seja pela frustração de não dispor de meios para obtê-la, seja por angariar os produtos do fascinante mundo do consumismo e descobrir que, ainda assim, o espírito não se sacia...

A publicidade repete incessantemente que todos temos a obrigação de ser felizes, de vencer, nos destacarmos do comum dos mortais. Sobre estes recai o sentimento de culpa por seu fracasso. Resta-lhes, porém, uma esperança: o caráter miraculoso da fé. "Jesus é a solução de todos os problemas." Inútil procurá-la nos sindicatos, nos partidos, na mobilização da sociedade.

Vivemos em um universo fragmentado por múltiplas vozes, em

frente a um horizonte desprovido de absolutos, com a nossa própria imagem mil vezes distorcida no jogo de espelhos. Engolida pelo vácuo pós-moderno, a religião tende a reduzir-se à esfera do privado, olvida sua função social, ampara-se no mágico, desencanta-se na autoajuda imediata.

Nesse mundo secularizado, a religião perde espaço público, devido à racionalidade tecnocientífica, ao pluralismo de cosmovisões, às estratégias econômicas. Sobretudo, a religião deixa de ser a única provedora de sentido. Seu lugar é ocupado pelo oráculo poderoso da mídia, os dogmas inquestionáveis do mercado, o amplo leque de propostas esotéricas.

A crise da modernidade favorece espiritualidades adaptadas às necessidades psicossociais de evasão, da falta de sentido, de fuga da realidade conflitiva. Espiritualidades de tradições religiosas egocêntricas, ou seja, centradas no eu, e não no outro, capazes de livrar o indivíduo da conflituosidade e da responsabilidade sociais.

Agora, manipula-se o sagrado, submetendo-o aos caprichos humanos. O sobrenatural se curva às necessidades naturais. A solução dos problemas da Terra reside no Céu. De lá derivam a prosperidade, a cura, o alívio. As dificuldades pessoais e sociais devem ser enfrentadas, não pela política, mas pela autoajuda, a meditação, a prática de ritos, as técnicas psicoespirituais.

Reduzem-se, assim, a dimensão social do Evangelho e a opção pelos pobres. O sagrado passa a ser ferramenta de poder, para controle de corações e mentes, e também do espaço político. O bem identifica-se com a minha crença religiosa. Bin Laden exigia que o Ocidente se convertesse à sua fé, não ao bem, à justiça, ao amor.

Essa religião, mais voltada à sua dilatação patrimonial que ao aprimoramento do processo civilizatório, evita criticar o poder político para, assim, obter dele benefícios: concessão de rádio e TV, recursos etc. Ajusta a sua mensagem a cada grupo social que pretende alcançar.

Sua ideologia consiste em negar toda ideologia. Assim, ela sacraliza e fortalece o sistema cujo valor supremo, o capital, se sobrepõe aos direitos humanos. Como observa José Comblin, as forças que hoje dominam são infinitamente superiores às das ditaduras militares.

Aos pobres, excluídos deste mundo, resta se entregar às promessas de que serão incluídos, cobertos de bênçãos, no outro mundo que se descortina com a morte. Diante dessa "teologia" fica a impressão de que a encarnação de Deus em Jesus foi um equívoco. E que o próprio Deus mostra-se incapaz de evitar que sua Criação seja dominada pelas forças do mal.

Felizmente, nas comunidades eclesiais de base, nas pastorais sociais, nos grupos de leitura popular da Bíblia, fortalece-se a espiritualidade de inserção evangélica. A que nos induz a ser fermento na massa e crer na palavra de Jesus, de que ele veio "para que todos tenham vida e vida em abundância" (*João* 10,10).

Fomos criados para ser felizes neste mundo. Se há dor e injustiça, não são castigos divinos, resultam da obra humana e por ela devem ser erradicadas. Como diz Guimarães Rosa, "o que Deus quer ver é a gente aprendendo a ser capaz de ficar alegre e amar no meio da tristeza. Todo caminho da gente é resvaloso. Mas cair não prejudica demais. A gente levanta, a gente sobe, a gente volta".

O corpo

"Uma rosa é uma rosa é uma rosa", declamava a escritora Gertrude Stein. Ninguém discorda. No entanto, não há consenso de que "uma pessoa é uma pessoa é uma pessoa". Nazistas negaram a judeus o direito à vida, assim como há judeus que se julgam superiores aos muçulmanos, e muçulmanos que assassinam cristãos que não comungam com suas crenças, e cristãos que excomungam espiritualmente judeus, muçulmanos, comunistas, homossexuais e adeptos do candomblé.

Uma pessoa é o seu corpo. Vive ao nutri-lo e faz dele expressão de amor, e por ele gera novos corpos. Morto o corpo, desaparece a pessoa. Contudo, chegamos ao terceiro milênio em um mundo dominado pela cultura necrófila da glamorização de corpos aquinhoados por fama, beleza e riqueza, e a exclusão de corpos condenados pela pobreza.

Na lista telefônica de Santa Monica, Estados Unidos, consta o número da Fundação Elizabeth Taylor contra a aids. Mas não há nenhuma fundação contra a fome, que mata muito mais que a aids. Por que esta mobiliza mais que a fome? Porque não faz distinção de classe. A fome é problema dos oprimidos, e ameaça 1,2 bilhão de pessoas. Os premiados pela loteria biológica, nascidos em famílias que podem se dar ao luxo de comer menos para não engordar, são indiferentes aos famintos ou dedicam-se a iniciativas caridosas de socorro aos pobres com a devida cautela de não questionar as causas da pobreza.

Clonam-se corpos, não a justiça. Açougues virtuais, as bancas de revistas exaltam a exuberância erótica de corpos, sem que haja igual espaço para ideias, valores, subjetividades, espiritualidades e utopias. Menos livrarias, mais academias de ginástica. Morreremos todos esbeltos e saudáveis; o cadáver, impávido colosso, sem uma celulite...

A política das nações pode ser justamente avaliada pela maneira como a economia lida com a concretude dos corpos, sem exceção. Em um mundo em que o requinte dos objetos de luxo merece veneração muito superior ao modo como são tratados milhões de homens e mulheres; o valor do dinheiro se sobrepõe ao de vidas humanas; as guerras funcionam como motor de prosperidade — é hora de nos perguntarmos como é possível corpos tão perfumados com mentalidades e práticas tão hediondas? E por que ideias tão nobres e gestos tão belos floresceram nos corpos assassinados de Jesus, Gandhi, Luther King, Che Guevara e Chico Mendes?

O limite do corpo humano não é a pele, é a Terra. Somos células de Gaia. Resta fazer esta certeza implantar-se na consciência, lá onde o espírito adquire densidade e expressão.

O ovo e a galinha

Eis o enigma que intriga a nossa vã filosofia: o que veio primeiro, o ovo ou a galinha? Para as tradições religiosas, muda-se o mundo transformando, primeiro, as pessoas. Formadas no bem, farão uma sociedade melhor. Para as utopias libertárias, é preciso mudar o mundo para que nenhuma pessoa seja induzida a praticar o mal.

O ovo ou a galinha? As duas vias tiveram suas chances históricas. A Igreja criou escolas católicas destinadas à boa formação de nossas elites. Notórios políticos brasileiros, que ocuparam governos de estado e até a Presidência da República, foram alunos daqueles colégios. Nem por isso as políticas que implementaram coincidiram com a proposta evangélica de defesa irredutível dos direitos dos pobres. Em muitos casos, nem as pessoas mudaram, nem o mundo.

A formação religiosa, quando tem força de conversão, modifica hábitos pessoais, elimina vícios e aprimora virtudes, incute valores e alarga o horizonte ético. Mas não induz necessariamente à crítica estrutural da sociedade. Antes, ajusta melhor o convertido aos valores vigentes na ordem social. E nem sempre são valores positivos, como é o caso da competitividade, antagônica ao preceito evangélico da solidariedade.

Uma pessoa que opera mudanças em sua vida pessoal não o faz imperiosamente na vida social. Ela "se salva" sem empenhar-se em salvar o mundo, ou seja, sem libertá-lo de tantas marcas do pecado, como as estruturas que produzem desigualdade social.

A via contrária também foi testada. Ao revolucionar a sociedade, o socialismo não mudou radicalmente as pessoas. Prova disso é que, após setenta anos de "nova sociedade", bastou a União Soviética ruir para que a sociedade russa apresentasse sua face cruel, com uma rede mundial de pedófilos, e com um número de bilionários do dólar em Moscou que supera os de Nova York.

Antonio Machado já ensinava que o caminho se faz ao caminhar. A pessoa muda à medida que transforma o mundo. E quanto mais a sociedade é justa, mais produz seres humanos voltados para o bem, assim como as pessoas de bem se empenham em construir uma convivência social melhor.

Há uma dialética de interação transformadora. Não basta "conscientizar" as pessoas. Ninguém é o que pensa, nem mesmo de si próprio. Somos os nossos atos. Na vida, temos apenas a liberdade de escolher as sementes. Depois haveremos de, inelutavelmente, colher o que plantamos. Isso vale para a vida pessoal, social e política. Por isso as nossas opções fundamentais são tão importantes. São elas o nosso verdadeiro retrato.

Nem ovo, nem galinha. Os dois juntos, o ovo contendo a galinha, a galinha botando o ovo. As pessoas mudam mudando o mundo. Mudado, o mundo muda as pessoas. Em uma sociedade de estruturas justas, posso querer praticar o mal. Fico, porém, na intenção, a menos que prefira correr o risco de ser punido pela lei e perder a liberdade. Em uma sociedade injusta, a lei protege quem oprime e castiga o oprimido.

Jesus pregou a mudança pessoal, a conversão, e a transformação deste mundo pelo advento do Reino de Deus. Seu exemplo colocou a dinâmica histórica no rumo das utopias libertárias. Mas ainda estamos longe de alcançar uma civilização verdadeiramente humana.

O homem é, ainda, o lobo do homem. Vide as torturas aplicadas aos prisioneiros iraquianos por soldados da pátria que se erige em paladina da liberdade. A maioria da população mundial nasce para morrer antes do tempo. Quebram-se os ovos, matam-se as galinhas. Contudo, a esperança perdura, fazendo considerável parcela da humanidade crer e lutar para que, no futuro, todos os projetos políticos desaguem na globalização da solidariedade e na civilização do amor.

Das igrejas aos bancos

Outrora, a vida social girava em torno das igrejas. No centro dos povoados e das cidades, elas asseguravam bênçãos divinas, faziam a ponte entre a conflituosidade terrestre e a glória celestial, perdoavam as nossas dívidas e acolhiam promessas. Até o século xv, as relações sociais eram basicamente comunitárias. Produzia-se para o autossustento, partilhavam-se com os vizinhos os frutos, a festa e a fé, e vendia-se o excedente ao mercado. No entanto, cada macaco no seu galho. Quem nasceu sem "sangue azul" devia conformar-se com o destino de vassalo e não havia dúvida de que os europeus, reis dos mares, eram superiores aos indígenas do Novo Mundo, aos negros africanos e aos amarelos asiáticos.

Com a modernidade, a desordem dos fatores alterou o produto. O mercado, que administrava o excedente, passou a controlar o essencial. E, com o advento do capitalismo, as relações de doação e troca foram suprimidas pela de compra e venda. Agora, já não são as igrejas que dominam o espaço urbano, mas os bancos, que podem assegurar o nosso êxito ou ruína, decretar a tranquilidade ou a miséria de nosso futuro, e jamais perdoam as nossas dívidas nem acreditam em promessas.

Se, de um lado, a defesa dos direitos humanos e ambientais representa um avanço, de outro, dificulta o interesse capitalista de superar todas as barreiras que impeçam a redução do ser humano a mero consumidor. É o caso da preservação ambiental: ela reduz o lucro das grandes corporações, razão pela qual os Estados Unidos se negam a assinar o Protocolo de Kyoto. O que importa é ganhar dinheiro para ofertar ao deus Mercado. E quanto mais dinheiro, melhor. Ainda que obtido por roubo, corrupção, drogas, extorsão ou opressão. O sigilo bancário, como o do confessionário, garante. A diferença é que a Igreja condena o pecado e perdoa o pecador. O banco faz-se cúmplice do pecado e do pecador.

Qual a importância hoje das religiões? Elas interferem nas ações da Bolsa, nos juros das aplicações financeiras ou na alta do dólar? Para muitos — e o que é trágico, para muitos cristãos —, o mercado é uma entidade sacrossanta, intocável, autônoma, que nada tem a ver com a religião tradicional. Esta fica confinada aos limites domésticos e à experiência privada, intimista, onde as leis do mercado custam a penetrar. Pois não é verdade que o emprego do filho do banqueiro não depende da capacidade de absorção de mão de obra do mercado?

Ao separar religião de um lado (privado) e idolatria do mercado de outro (público), o capitalismo dessacraliza de tal modo as relações sociais que as pessoas acabam tendo apenas vínculos fundados em interesses. Em tudo é preciso levar vantagem. Inclusive em práticas religiosas que asseguram curas, dão força moral à família e, em meio a tanta perversidade, revestem-nos com uma aura de santidade...

Por que a Teologia da Libertação incomoda tanto? Por não aceitar essa divisão de fronteiras estabelecida pelo capital e exigir que a fé tenha consequências sociais e políticas. Não se pode amar a Deus no espaço doméstico enquanto se presta culto ao mercado que, todos os dias, leva à falência, ao desespero e à morte milhares de empobrecidos pela acumulação privada da riqueza. "A fé, sem as obras, é morta" (*Tiago* 2,17). O próprio Jesus cumpriu sua missão trazendo vida às vítimas da injustiça.

Muitos se queixam da Igreja que, tendo erguido seu patrimônio graças às contribuições dos fiéis, nem sempre retribui no modo como os acolhe. Ora, convém lembrar que são os correntistas que fazem a riqueza dos banqueiros. O mesmo ocorre com os bancos. Estes especulam com o dinheiro ganho pelo trabalho alheio. E ainda que enfeitem suas agências com crucifixos, nem sequer admitem que têm uma pesada dívida social a pagar, embora tratem o dinheiro como se fosse uma hóstia sagrada, que eles têm o poder de guardar, multiplicar e emprestar a uns poucos eleitos que devolverão cem por um.

Esperança como atitude crítica

A esperança é uma das três virtudes teologais, ao lado da fé e do amor. Rima com confiança, termo que deriva de fé: quem acredita, espera; e quem espera, acredita. Esperar é confiar.

Vivemos um momento novo da história da América Latina. Com a eleição de governos democrático-populares, a esperança dá sinais de se transformar em realidade. Há esperança de que se priorizem as questões sociais e se reduzam significativamente as desigualdades que caracterizam o continente.

Para Jesus, a esperança se colocava lá na frente, no Reino de Deus, que marca o fim e a plenitude da história, e não lá em cima, enquanto postura verticalista de quem ignora a existência deste mundo ou a rejeita. Hoje, a expressão Reino de Deus possui conotação vaga, metafórica. Pode-se, porém, imaginar o que significava falar disso em pleno reino de César... Não há dúvida da ressonância política da expressão, pois Jesus ousou anunciar um outro reino que não o de César e, por isso, pagou com a vida.

Hoje, a esperança tem conotação secular — a utopia. É curioso observar que, antes do Renascimento, quase não se falava em utopia. Esta resultou da dessacralização do mundo, da morte dos deuses e, portanto, da necessidade de projetar ou visualizar o mundo futuro. À medida que o ser humano, com o advento da modernidade, começou a dominar os recursos técnicos e científicos que interferem no curso da natureza e aprimoram a nossa convivência social, surge a necessidade de antever o modelo ideal, assim como o artista que faz a escultura traz na cabeça ou no papel o desenho da obra terminada. Como afirmou Ernst Bloch, a razão não pode florescer sem esperanças, e a esperança não pode falar sem razão (*Karl Marx*).

O marxismo foi a primeira grande religião secular capaz de traduzir a esperança em sociedade ideal. Ele introduziu, na cultura ocidental, a consciência histórica, a percepção do tempo como processo histórico, a tal ponto que o ser humano passou a prefigurar sua existência, não mais em referência aos valores subjetivos, mas ao devir, lutando contra os obstáculos que, no ainda-não, impedem a realização do que se espera como ideal libertador.

Para o cristão, a utopia do Reino de Deus supera as utopias seculares, sejam elas políticas, técnicas ou científicas. Espera-se, neste mundo, a realização plena das promessas de Deus, o que plenifica e transfigura o mundo. Assim, à luz dessas promessas elencadas na Bíblia, o cristão mantém sempre uma postura crítica diante de toda realização histórica, bem como dos modelos utópicos. O homem novo e o mundo novo são resultados do esforço humano através do dom de Deus, que, em última instância, os conduz ao ápice. Em outras palavras, quem espera em Cristo não absolutiza jamais uma situação adquirida ou a ser conquistada. Toda progressão é relativa e, portanto, passível de aperfeiçoamento, até que a Criação retorne ao seio do Criador. Pois Deus realiza progressivamente, na história humana, a sua salvação.

A esperança se baseia na memória. Quem espera, rememora e comemora. Nosso Deus não é um qualquer do Olimpo politeísta. É um Deus que tem história e faz memória: Javé, o Deus de Abraão, Isaac e Jacó. É essa memória que alimenta a consciência crítica, consciência da diferença, da inadequação ao ainda-não. Pois a utopia cristã sustenta-se na promessa de Deus. Por isso, a esperança cristã não teme o negativo, as vicissitudes históricas, o fracasso. É uma esperança crucificada, que se abre à perspectiva da ressurreição.

Na esperança, nós já fomos salvos. Ver o que se espera já não é esperar: como se pode esperar o que já se vê? Mas, se esperamos o que não vemos, é na perseverança que o aguardamos (*Romanos* 8,24-5). Como diz a *Carta aos Hebreus*, a fé é um modo de já possuir aquilo que se espera, é um meio de conhecer realidades que não se veem (11,1). "Se a fé vê o que existe, a esperança vê o que existirá", dizia Péguy. E acrescentava: "o amor só ama o que existe, mas a esperança ama o que existirá... no tempo e por toda a eternidade".

A esperança é o caminhar na fé para o seu objeto. A fé nos dá a certeza de que Jesus venceu a morte; a esperança, o alento de que venceremos os sinais de morte: a injustiça, a opressão, o preconceito etc. Esse processo não é contínuo, pois somos prisioneiros da finitude, embora trazendo a infinitude em nossos corações. Por isso, o caminhar é entrecortado de dúvidas e dores, conquistas e alegrias, mas sabemos que, ao trilhar as sendas do amor, temos Deus como guia.

A festa da carne

Sabiam que, em sua origem, o Carnaval era uma festa religiosa? Isso mesmo. Carnaval significa "festa da carne".

Nos quarenta dias que precedem a festa da Páscoa, que comemora a ressurreição de Jesus, os cristãos celebram a Quaresma. É um tempo de preparação para a Páscoa. Assim como um atleta se prepara para uma competição, concentrando-se e privando-se de certos alimentos e prazeres, os cristãos também se preparavam melhor para a Páscoa. Deixavam, por exemplo, de comer carne vermelha.

Nos três dias anteriores à Quarta-Feira de Cinzas, quando se inicia a Quaresma, comia-se muita carne e fazia-se festa. Ainda hoje a Igreja Católica pede a seus fiéis que se abstenham de comer carne vermelha na Quarta-Feira de Cinzas e na Sexta-Feira da Paixão. Há os legalistas que não percebem o valor disso para a vida espiritual e empanturram-se de frango ou peixes. Ora, substituição não é privação, é enrolação.

O importante não é, porém, deixar de comer isso ou aquilo, mas entrar no clima de mais oração e profundidade espiritual. Não basta privar-se de um alimento, com o risco de cair no narcisismo espiritual ("Veja, Senhor, como sou capaz de jejuar!"). Esse alimento deveria ser doado a quem dele necessita: creches, asilos, abrigos de mendigos etc. Assim, o cristão pratica o maior de todos os mandamentos, que é partilhar os seus bens com aqueles que estão injustamente privados do essencial.

Neste país, um dos campeões mundiais de desigualdade social, viver a Quaresma é curtir o espírito de justiça. Ser solidário a quem luta por trabalho, terra e teto. Portanto, privar-se de comodismo, omissão e desinteresse.

Mas nada impede que pulemos o Carnaval com muita alegria. Sem excessos ao beber e cuidados óbvios nas relações sexuais. Nada de ficar na arquibancada caseira vendo os desfiles pela TV. O que vale é dançar. Mas, para quem não gosta, que tal uma boa leitura, caminhadas, contato com a natureza e muita oração, deixando o espírito ser acarinhado por Deus?

Pecados capitais & viagens interiores

Todos os pecados capitais, sem exceção, são tidos como virtudes nesta sociedade neoliberal corroída pelo afã consumista. Basta ligar a TV e confirmar.

A inveja é estimulada no anúncio da moça que, agora, possui um carro melhor que o de seu vizinho. A avareza é o mote das cadernetas de poupança. A cobiça inspira todas as peças publicitárias, do Carnaval a bordo no Caribe ao tênis de grife das crianças. O orgulho é sinal de sucesso dos executivos bem-sucedidos, que dispõem de secretárias cinematográficas e planos de saúde eterna. A preguiça fica por conta das confortáveis sandálias que nos fazem relaxar, cercados de afeto, numa lancha ao sol. A luxúria é outra marca registrada da maioria dos clipes publicitários, em que jovens esbeltos e garotas esculturais desfrutam uma vida saudável e feliz ao consumir bebidas, cigarros, roupas e cosméticos. Enfim, a gula subverte a alimentação infantil na forma de chocolates, refrescos, biscoitos e margarinas, induzindo-nos a crer que sabores são prenúncios de amores.

Há nas tradições religiosas uma sabedoria de vida. Despidos de preconceitos, se refletirmos bem sobre os sete pecados capitais veremos que cada um deles se refere a uma tendência egoísta que traz frustração e infelicidade. A cobiça nos faz reféns do mercado e dos modismos, atraindo-nos ao buraco negro de irregularidades que, miragens no deserto, nos prometem dinheiro fácil e *status* de Primeiro Mundo. A avareza ensina a acumular dinheiro mesmo quando deveria ser investido na melhoria de nossa qualidade de vida. Rendimentos passam a ser mais importantes que investimentos. A luxúria nasce nos olhos, agita a mente e perturba o coração. O objeto do desejo aliena do amor enquanto projeto, aprisionando-nos no jogo narcísico da sedução. A gula aumenta o colesterol, deforma o corpo e entristece o espírito. O orgulho é a terrível consciência de que queremos parecer o que não somos e, cheios de empáfia, nossa alma trafega apoiada em frágeis muletas. A preguiça traz incapacidade e atiça os devaneios, induzindo a trocar a realidade pela fantasia. A inveja é o espelho de nossa covardia em ser do tamanho que somos, nem maiores nem menores.

O fato é que há um conflito entre o princípio número 1 da sociedade em que vivemos — ganhar dinheiro — e os valores que sedimentam a existência. Nessa guerra, são sacrificadas a educação das crianças e as relações conjugais, os vínculos familiares e a nossa própria qualidade de vida. Por que a ambição de uma viagem ao exterior não se reflete também no desejo de viajar para dentro de si mesmo? Mundo desconhecido, esse que trazemos no espírito. Mas, como turistas ocasionais, ficamos sem saber qual "agência" pode nos assegurar uma viagem de melhor proveito: a Igreja Católica ou o budismo? O candomblé ou o espiritismo?

Recolher-se ao silêncio interior é sempre um excelente ponto de partida. Para quem nunca fez essa viagem, a partida assusta, porque não nos é dado o roteiro, e a paisagem exterior tenta-nos a abandonar o trem. Se controlarmos "a louca da casa", a imaginação, logo o silêncio interior se faz voz. Então, somos apresentados ao nosso verdadeiro eu, que nos impele a um Outro que nos povoa. E experimentamos inefável felicidade.

A ótica míope do fundamentalismo

As ideologias foram supostamente derrubadas com a queda do Muro de Berlim. Com a destruição das torres gêmeas em Nova York, emergem as teologias. Nunca se venderam tantos exemplares da Bíblia e do Alcorão no Ocidente. Desde o fim da Idade Média não se recorria tanto à linguagem religiosa para justificar, de um lado, o terrorismo de face oculta; de outro, o de rosto estatal.

É como se a racionalidade moderna naufragasse, de repente, em sua própria incapacidade de encarnar-se em atos humanos. Pensamos o que não ousamos fazer, fazemos o que não podemos justificar, queremos o que não convém à razão ética. Assim, a modernidade, sobretudo na esfera política, torna-se vítima de seu próprio paradoxo. Quem fala em democracia instaura ditadura; quem promete assegurar a paz faz a guerra; quem professa o nome de Deus não o reconhece na face do semelhante; quem aspira a um mundo melhor não ousa admitir a transformação da realidade atual.

Súbito, a contradição atinge o seu limite. O elástico rompe-se, alterando o equilíbrio de forças. E o resultado é esse cenário de insensatez generalizada. Enquanto os terroristas fazem da vingança seu gesto de protesto, sacrificando milhares de inocentes, o terrorismo de Estado, na falta de um alvo preciso no qual atirar, mobiliza exércitos para disseminar a morte onde há supostos terroristas.

Uma das conquistas da modernidade foi separar religião e política. O Estado, agora, é laico, e as religiões não têm o direito de pretender dominar a esfera pública, malgrado eventuais abusos de ambos os lados. Tal direito somente é desrespeitado em países que permanecem aquém da modernidade. No Brasil, por exemplo, partidos confessionais, como o PDC, nunca plantaram raízes, e, apesar da reação da Igreja Católica, o divórcio é legal e o governo distribui preservativos para reduzir os casos de aids.

A modernidade corre o risco de retrocesso quando emerge o fundamentalismo. Ele consiste em interpretar literalmente os textos religiosos, seja a Torá, os evangelhos ou o Alcorão. Recordo as aulas de catecismo que negavam as teorias de Darwin, tentando nos inculcar que somos mesmo descendentes diretos do senhor Adão, casado com a senhora Eva, sem que os catequistas se dessem conta de que Adão, em hebraico, significa terra, e Eva, vida.

O fundamentalista faz uma leitura míope dos livros sagrados e da realidade, aplicando a primeira à segunda. Lê o texto fora do contexto, como se a Bíblia tivesse a pretensão de normatizar não apenas a ética que rege todas as dimensões da vida, mas também a pesquisa científica e dados científicos específicos. O fundamentalista não sabe que a linguagem simbólica da Bíblia, rica em metáforas, recorre a lendas e mitos para traduzir o ensinamento religioso. Por isso, acredita que a Arca de Noé anda perdida em alguma região da Turquia, e que os cursos de idiomas existem graças ao castigo divino aos construtores da Torre de Babel.

O mais grave é que o fundamentalismo julga-se tão portador da verdade quanto sua hermenêutica do texto lido por sua ótica equivocada. Não admite críticas, considerações ou contribuições de outras correntes religiosas ou científicas. Como se somente ele entendesse a vontade de Deus. E todos que não concordam são tratados como infiéis, heréticos ou excomungados. Enfim, arvora-se em paradigma universal. Dialoga por gentileza, não por interesse em também aprender; ouve para munir-se de mais argumentos contra o interlocutor; finge-se de tolerante para reforçar sua convicção de que o outro merece, como infiel, ser queimado na fogueira da Inquisição, sob as torres gêmeas de Nova York ou em consequência dos mísseis atirados no Iraque e no Afeganistão, convencido de que só a sua verdade haverá de prevalecer.

Se estudasse os filósofos alemães Apel e Habermas, o fundamentalista descobriria a reciprocidade dialógica universal. Se conhecesse melhor os ensinamentos dos profetas, de Jesus e de Maomé, veria que o amor consiste em não fazer da diferença divergência.

Pelo lado avesso

Não há dúvida de que a visão dos mares levou a Grécia a pretender alcançar a linha do horizonte. Mas o Colosso de Rodes ruiu como um castelo de areia.

"Conhece-te a ti mesmo", sugeriram os sábios gregos. Séculos depois, o que sabe o presidente do FMI a respeito de seus próprios sentimentos? Por que Freud se tornou celibatário após os quarenta anos? Como se explica a desestruturação de um estruturalista marxista como Louis Althusser, que, com o travesseiro, sufocou a mulher até a morte?

Todos somos seres humanos trincados como uma louça atingida por um terremoto. A razão constrói o mais moderno aqueduto. Contudo, o delírio reside em mergulhar o corpo nu no frescor imponderável das águas.

O silêncio é imprescindível à felicidade, ainda que se trabalhe na Bolsa de Valores de São Paulo ou nas fundações do mais alto edifício a ser erguido. Se o espírito não se encontra recolhido em si mesmo, como o líquido precioso de uma garrafa, se esvai como a gota de suor derramada sobre a areia. Pessoas dilaceradas são as que se deixam sugar pela sofreguidão do império da objetividade. Às dez da manhã virá a secretária e, às onze, discutirei na reunião o novo orçamento; antes do almoço darei cinco telefonemas e depois encontrarei o meu sócio, e entre garfadas ansiosas e goles apressados falaremos dos negócios, porque esta tarde devo render o máximo e à noite estarei postado em frente à TV ingerindo eletronicamente os bombardeios no Oriente Médio, o desastre aéreo na Califórnia, o terremoto no Japão, a corrida de Fórmula 1 em Mônaco e o êxito da primeira clonagem humana.

O mundo não passa de um imenso hambúrguer do McDonald's. Basta abrir bem a boca.

"Ouça-te para poderes conhecer a ti mesmo", poder-se-ia escrever hoje na Academia, se ela tivesse sobrevivido a ponto de estabelecer convênios com monges orientais. Teme-se escutar a própria voz interior. Quantas pessoas suportam ficar a sós? Têm medo de si. Quando não se encontram acompanhadas por alguém, ligam a TV ou o computador e acessam as redes sociais, ou se põem a fazer coisas, na ânsia de preencher o vazio que lhes provoca vertigens.

Para o ritmo acelerado da vida moderna, os arautos da paz interior sugerem lagos paradisíacos, bosques verdejantes, praias desertas ao entardecer. Ora, está tudo poluído. Os lagos infestados de mosquitos, os bosques queimados pelo latifúndio, as praias tomadas pelos esgotos. Ainda que o paraíso escapasse de um cartão-postal suíço, ele estaria ao alcance somente dos que julgam que a felicidade se compra com dinheiro. Um passeio a Bariloche, um cruzeiro pelas Bahamas, uma excursão a Paris. Os presentes são da melhor qualidade, embora as relações humanas sejam conflituosas, egoístas, rançosas.

E, no entanto, a felicidade não faz distinção de classe e talvez, por isso mesmo, não conste no programa de nenhum partido político. Isso não significa que, qual uma meretriz, esteja à venda na próxima esquina. Aqueles que detêm o poder do dinheiro são, com frequência, vítimas do jogo de espelhos que mescla, numa mesma impressão ótica, prazer e felicidade. O prazer é sempre uma fluida experiência momentânea, como a sinfonia de Mozart, o primeiro gole de cerveja gelada, a ondulação sensual das montanhas, a fragrância sedutora de um perfume, o toque aveludado.

A felicidade, como o canto dos negros, emerge das entranhas. Ela se tece de toda essa matéria-prima que constrói um projeto de vida: valores, princípios, ideais e compromissos. Entre fogo cruzado, o combatente orgulha-se de atirar sua própria existência na direção de um horizonte onde pão e paz serão palavras inseparáveis.

Não há noite se os olhos abrigam estrelas.

O segredo é simples: tudo o que se procura se esconde atrás do ego. Chegar lá é tão difícil quanto viajar pela Amazônia sem impregnar-se de umidade. No entanto, uma força misteriosa atrai todo ser vivente. Porque todo ser aspira a livrar-se do duplo de si, para encontrar num outro a sua unidade.

No âmago da alma reside essa irresistível vontade de escancarar a verdade, ainda que sua luz queime olhos alheios. Mas só os loucos o conseguem, pois não arcam com o peso desse intricado labirinto de conveniências sociais que vão das relações de parentesco às promoções profissionais.

Em Assis, em plena praça, o jovem Francisco despiu-se e partiu resoluto ao encontro de si mesmo naquele Outro que o habitava. Mas, hoje, somos invadidos por toda essa gama de coisas estranhas a nós e que, entretanto, julgamos tão familiares, assim como na guerra os moradores da aldeia acostumam-se com os aviões militares que arranham seus telhados.

A vida tem gosto de uva: tão doce, sempre breve e encaroçada, deixa sede. Mesmo quando se mergulha do outro lado de si mesmo, lá onde se encontra a fonte de água viva.

Faça como o piloto perdido fora da rota: prepare-se para o pouso imprevisto, desligue as turbinas, apague as luzes, corte a eletricidade, mantenha o trem de aterrissagem recolhido e deixe-se acolher pelo chão, que é sempre mais firme do que todas as ideias que pululam em sua cabeça.

Solte o corpo. Relaxe no imponderável que o povoa por dentro, pois no coração humano a ausência de gravidade é idêntica à do espaço sideral. Amarre todas as ideias e pensamentos e imagens e recordações, quais velas de um barco em plena ventania, em torno do mastro firme do plexo solar. Navegue à deriva, pois Aquele que sopra onde quer saberá como conduzi-lo. Quando os olhos estiverem cegos e o cérebro apaziguado, haverá muito silêncio. Então, a Voz se fará ouvir. E a felicidade o inundará como a água da enchente que sobe mansamente, irrefreável, para submergir a casa e tornar os alicerces tão flexíveis quanto os ramos de um igarapé.

Jardim: o pão e a paz

Uma das primeiras imagens da Torá, incluída na Bíblia cristã, é a do Paraíso (Éden) como jardim. Imagem recorrente, encontrada nos livros históricos, poéticos e sapienciais da tradição hebraica.

Na descrição preliminar do *Gênesis*, o jardim (a Criação) antecede o aparecimento do ser humano. Este, no entanto, transforma a selva em bosque, a mata em jardim, a natureza em cultura.

A razão moderna, instrumental, criou um abismo entre humanidade e natureza ao interpretar o preceito bíblico de "domínio" da Criação como exploração, e não como cuidado. O resultado é dramático: degradação ambiental, aquecimento global, secas e inundações. Felizmente cresce a mobilização mundial em prol da preservação de nossa matriz e casa comum: a Terra, denominada *Gaia* pelos gregos antigos e *Pachamama* pelos indígenas andinos.

Assim como plantas, flores e frutos emergem do solo e constituem o jardim, o mesmo ocorre com o ser humano. Também a vida humana brotou da Terra, pela via da evolução do Universo, que, iniciada pelo Big Bang há 13,7 bilhões de anos, veio a gerar a nossa espécie, dotada de olhos e consciência reflexa, capaz de contemplar a harmonia da Criação e denominá-la Cosmo — palavra grega da mesma raiz de cosmético, o que imprime beleza.

Há, pois, íntima interação entre jardim e jardineiro. Nós, humanos, somos o fruto inteligente do jardim. Dele provêm os nossos alimentos. Cada vez que nos sentamos à mesa, nutrimos o nosso ser com os frutos do jardim. O poeta diria: damos um beijo na boca da natureza. O teólogo afirma: eis a eucaristia.

Todas as vezes que celebramos a vida — aniversário, formatura, casamento etc. — há que ter comida e bebida. Voltamos ao jardim, ainda que ele não seja visível e apenas seus frutos estejam sobre a mesa. É essa comensalidade que funda nossa irmandade. Ela é recorrente nas tradições religiosas.

Há, hoje, enorme distância entre símbolo e realidade. Milhões de pessoas encontram-se excluídas do jardim. A cada ano, morrem 18 milhões de pessoas em decorrência da fome, a maioria crianças.

Precisamos cuidar do jardim, de modo a possibilitar que todos, sem exceção, tenham acesso a ele e a seus frutos. Dele vem "o pão nosso de cada dia" e só haverá paz quando todos tiverem pão.

Entre Papai Noel e o Menino Jesus

Da última vez que visitei Oslo, reuniam-se na capital norueguesa ministros do turismo de países escandinavos e bálticos para decidir: qual é a terra de Papai Noel?

Ministros da Noruega, Dinamarca, Suécia, Finlândia e Islândia quebravam a cabeça para decidir como evitar propaganda enganosa para o público infantil. A criançada queixava-se: alguém mentia. Papai Noel não pode ter nascido — como sugeria a concorrência entre agências de turismo — na Lapônia e na Groenlândia, lugares distintos e distantes um do outro.

Não conheço o resultado da conferência de Oslo. Espero que, se não tiverem chegado a um acordo, pelo menos a guerra, se vier, seja apenas de travesseiros. Mas é a Finlândia que melhor explora a figura do velho presenteador transportado no trenó puxado por renas. Assinala inclusive a sua terra natal: Rovaniemi, onde o Santa Park tem como tema Papai Noel, lá denominado Santa Claus.

Sabemos todos que Papai Noel nasce, de fato, na fantasia das crianças. Acreditei nele até o dia em que me perguntei por que o Paulo, filho da empregada, não recebera tantos presentes de Natal como eu. O velhinho barbudo discrimina os pobres? Malgrado tais incongruências, Papai Noel é uma figura lendária, que reaviva a criança que trazemos em nós. E disputa a cena com o Menino Jesus, cujo aniversário é o motivo da festa e do feriado de 25 de dezembro.

Não se sabe o dia exato em que Jesus nasceu. Supõem alguns estudiosos que em agosto, talvez no dia 7, entre os anos 6 ou 7 *antes de Cristo*. Sabe-se que morreu assassinado na cruz no ano 30. Portanto, com a idade de 36 ou 37 anos, e não 33, como se crê desde que o monge Dionísio, que no século VI calculou a era cristã, errou na data do nascimento de Cristo.

Até o século III, o nascimento de Jesus era celebrado em 6 de janeiro. No século seguinte mudou, em muitos países, para 25 de dezembro, dia do solstício de inverno no hemisfério Norte, segundo o calendário juliano. Evocavam-se as festas de épocas remotas em homenagem à ressurreição das divindades solares.

Os cristãos apropriaram-se da data e rebatizaram a festa, para comemorar o nascimento daquele que é "a luz do mundo". Para não ficar de fora, os não cristãos paganizaram o evento através da figura de Papai Noel, mais adequado aos interesses comerciais.

Vivemos hoje num mundo desencantado, porém ansioso por reencantamento. Carecemos de alegorias, mitos, lendas, paradigmas e crenças. O Natal é das raras ocasiões do ano em que nos damos o direito de trocar a razão pela fantasia, o trabalho pela festa, a avareza pela generosidade, centrados na comensalidade e no fervor religioso.

Pouco importa o lugar em que nasceu Papai Noel. Importa é que o Menino Jesus faça, de novo, presépio em nosso coração, impregnando-o de alegria e amor. Caso contrário, corremos o risco de reduzir o Natal à efusiva mercantilização patrocinada por Papai Noel. Isso é particularmente danoso para a (de)formação religiosa das crianças filhas de famílias cristãs, educadas sem referências bíblicas e práticas espirituais.

Lojas não saciam a nossa sede de Absoluto. Há que empreender uma viagem ao mais íntimo de si para encontrar um Outro que nos habita. Esta é, com certeza, uma aventura bem mais fascinante do que ir até a Lapônia.

Contudo, as duas viagens custam caro. Uma, uns tantos dólares. Outra, a coragem de virar-se pelo avesso e despir-se de todo o peso que nos impede de voar nas asas do Espírito.

Faz escuro e eu só rezo?

Estamos em plena crise da racionalidade moderna. O Muro de Berlim ruiu, o determinismo histórico cedeu lugar ao princípio da indeterminação, a física geométrica de Newton foi suplantada pelo alucinado baile das partículas subatômicas de Planck e Heisenberg. As utopias volatilizaram-se, os paradigmas entraram em parafuso, o fundamentalismo reapareceu e a esperança exige, hoje, a lanterna de Diógenes. Neva em nossos corações e mentes.

Vitória da economia de mercado? O fracasso, notório, é o do capitalismo implantado, há pelo menos um século, na África e na América Latina. O único país de nosso continente que logrou assegurar condições mínimas de vida digna à sua população foi Cuba. Graças ao socialismo. E as estatísticas da FAO sobre a fome no mundo só não são mais gritantes porque bilhões de chineses comem ao menos duas vezes ao dia.

Na falta de horizontes, o céu é o limite. Na Bienal do Livro, os mais vendidos são os infantis e os esotéricos. Se Freud não explica, Jung entra em cena. No bazar das crendices, vale tudo, do tarô às religiões indígenas, do pentecostalismo à astrologia, do I Ching aos gurus indianos. Mais do que fazer a cabeça, abalada por tantas incertezas, agora as pessoas querem fazer a alma. A matemática de Descartes cede lugar às energias cósmicas.

Há um duplo aspecto nessa onda de misticismo. De um lado, a idolatria do capital com sua ofensiva ideológica fundada no dogma nipo-americano do "fim da história", apregoado por Francis Fukuyama. Já que não se pode mudar o mundo, o negócio é ganhar dinheiro e, se possível, mudar a si mesmo. Limitada a transa do corpo pelo risco da aids, o jeito é soltar o espírito. Nessa, o divã dança. Muitos não querem nem saber as causas de seus bloqueios psíquicos. Chega de razão! Terapia é mergulhar no mistério, seja pela via dos aditivos químicos, como drogas, seja pela via dos modismos religiosos e esotéricos que cauterizam o buraco que trazemos no centro do peito e antecipam hoje o destino de amanhã.

O outro aspecto é altamente positivo, pois todo esse fenômeno revela a insuficiência da racionalidade moderna. E recoloca, na ordem do dia, a questão da subjetividade. Deus, agora, é *in*. Pena que as Igrejas históricas estejam tão estruturadas em seus modelos seculares, sem muitas condições de acompanhar os que mergulham rumo ao Transcendente.

Ao contrário das tendências esotéricas, em geral voltadas para o próprio umbigo, o cristianismo faz do outro uma referência divina. E proclama o amor como experiência de Deus. Nessa linha, a esperança ressurge, não em torno de teorias mecânicas ou positivistas, mas centrada no concreto: como celebrar a vitória do neoliberalismo se o Leste Europeu entra em processo acelerado de latino-americanização? Deus sim, mas servido e contemplado lá onde Jesus se identifica ao reconhecer "tive fome e me destes de comer" (*Mateus* 25,35): nos meninos e meninas de rua, nos desempregados, nos aposentados, nos enfermos, nos oprimidos. O amor como desafio místico e político. E a oração como estímulo da ação.

Se lograrmos, na arqueologia das palavras, descer do patamar das abstrações e implodir as catedrais academicistas, talvez cheguemos ao pobre como referência fundamental. Então, descobriremos que a saída espiritual deve ter uma base ética e, portanto, uma ressonância política. Homens e mulheres novos, filhos do casamento de santa Teresa de Ávila com Ernesto Che Guevara.

A porta da razão é o coração, e a chave do coração é a religião como expressão litúrgica da ousadia de se amar, de amar o próximo e de amar tudo que concorre para a soberania da vida, como plenitude de fé e de festa.

Aplacar a dor

A dor ou o sofrimento não é só físico. É também mental, moral, afetivo e espiritual. Sofrem fisicamente os acidentados, os (d)eficientes físicos, os que trazem no organismo anomalias que se manifestam pela dor. A esses não bastam os recursos da alopatia, da homeopatia ou da medicina alternativa. A acupuntura é um excelente recurso, bem como o apoio terapêutico.

Quem sofre precisa evitar submergir no sofrimento. Essa imersão ocorre quando a pessoa se assume como doente; apenas há uma doença em si. Assim como veio, deve ir. A consciência do próprio sofrimento é uma maneira de transcendê-lo e, de certo modo, dominá-lo.

O budismo visa exatamente livrar-nos da dor. O cristianismo imprime a ela um caráter redentor. De qualquer modo, o trabalho espiritual em torno da dor faz com que ela se torne, de fato, como sugere Jesus, "um peso leve e um fardo suave". Não deixa de ser peso nem fardo. Porém, torna-se suportável.

O sofrimento mental marca aqueles que são considerados esquizofrênicos, psicóticos, paranoicos etc. É uma característica também dos dependentes de drogas e do álcool. O recurso mais adequado para enfrentar tais pacientes é o afeto. O amor "move montanhas" e quebra as resistências da loucura.

É difícil amar nesses casos. Num primeiro momento, não há reciprocidade. E nosso amor tem sempre uma pitada de cobrança. Amamos para ser amados. Quando o afeto é uma via de mão única, às vezes respondido com agressão e repulsa, é preciso muita paciência e compaixão para fazer o outro sentir-se verdadeiramente amado.

O adestramento, a reeducação, o apoio farmacológico e terapêutico, são recursos necessários, mas não substituem o carinho. Assim como a carência de afeto costuma ser a porta de entrada para a dependência química, só o amor funciona como porta de saída.

O sofrimento moral advém de calúnias, difamações, injúrias e, também, de situações desmoralizadoras. A compaixão é o melhor remédio, seguida do perdão. Trata-se de ajudar a pessoa em depressão moral a mudar seus paradigmas e, em caso de erro, engajar-se na reparação. Muitas vezes se sofre por motivos fúteis. Daí a importância de modificar paradigmas, para se adquirir uma nova visão de si, dos outros e do mundo.

Ajudar aquele que sofre a objetivar sua dor é trazê-lo à tona, livrando-o da opressão. Lembro meus tempos de prisão. Os presos se dividiam entre os que falavam e os que calavam a respeito do próprio encarceramento. Em geral, os primeiros saíram em melhores condições psicológicas. Entre os que continuam se calando, fica a impressão de que a prisão ainda não saiu deles.

O sofrimento afetivo resulta de separações conjugais, de infidelidades, de perdas de pessoas queridas, mortas ou desaparecidas, de expectativas frustradas. Nesses casos, importa trabalhar o sentido da vida, abrir-se a uma nova visão das coisas, fazer da dor uma motivação para começar de novo. Buscar a reconciliação quando possível, mudar de lugar social quando a perda é inevitável, sem perpetuar lutos e expectativas.

Em todo sofrimento há uma dimensão espiritual. Quem se apega ao supérfluo, sofre por ter apenas o necessário. Quem teme a morte lamenta, no fundo, desgarrar-se de tantos apegos nesta vida. Quem tudo doa e se doa, não tem o que perder diante da proximidade da vida (e)terna.

Quanto mais profunda a espiritualidade, menos pesa a dor. Nesse sentido, oração e meditação são recursos aconselhados. Provocam uma mudança de ótica, redimensionam os valores, resgatam o caráter libertador do sofrimento. Leituras ajudam a encarar a vida por diversos ângulos. Contudo, é o compromisso com os outros que permite descobrir a dimensão terapêutica do amor. Quem se dedica aos outros esquece um pouco de si e relativiza as próprias angústias e inquietações.

Tanto maior o amor, tanto menor a dor.

PARTE 3
LÍDERES ESPIRITUAIS

Um homem chamado Francisco

Houve um homem que se enchia de inefável gozo ao sentir-se abraçado pelo sol e vigiado pela lua, aos quais chamava de irmão e de irmã. Seus olhos reluziam perante a vastidão silenciosa das estrelas e o coração transbordava ao aspirar a fragrância das flores. Ao encontrar plantas e frutos, ajoelhava-se reverente como quem se curva junto a uma criança. Falava com a relva, conversava com as árvores, segredava às pedras, deixava-se acariciar pelo vento, e parecia aplacar o vigor das chamas quando evocava seu parentesco cósmico com o fogo.

Esse homem nunca estudou astrofísica e jamais soube que nas águas dos rios lateja o mesmo oxigênio que flui em nossa corrente sanguínea, bombeando-nos vida. Porém, havia nele uma conatural empatia com toda a Criação. Apaixonado por Deus, sabia-se em comunhão com o Cosmo. Andarilho, o sabor do mel era, ao seu paladar, um dom tão precioso quanto a escuridão da noite para seus olhos e o lamento famélico dos lobos para seus ouvidos. Tudo evocava a maravilha do Criador: o canto das cigarras, a sinuosidade rastejante dos répteis, o rugir dos trovões, o pó das estradas.

Ele nasceu em um povoado italiano, há cerca de oitocentos anos. Sonhou ser rico como o pai, cavaleiro como os jovens de sua geração, monge como os que renunciavam ao mundo. Embebido do evangelho de Jesus, evitou as três possibilidades. Despiu-se da roupa tecida na manufatura de seu pai, pioneiro do capitalismo, e abraçou a vida despojada das primeiras vítimas coletivas do novo modo de produção: os pobres. Como ele mesmo disse, Deus o destinara a ser "louco no mundo". Loucura que o levava a comer do mesmo prato dos doentes, a preterir armas e cavalos em favor da ternura e da pregação itinerante. Seu mosteiro eram os caminhos e as vilas, os bosques e as montanhas. Companheiro de Clara, tudo nele era fé e festa, expressão indelével do eros, ágape místico. Cantava a dor e o riso e referia-se à morte como irmã.

Seu pai batizou-o Francisco, "aquele que vem da França", em homenagem à metrópole europeia da época. Mas ele preferiu trocar os privilégios pelas efusões do Espírito, que sopra onde quer e como quer. A 4 de outubro, os cristãos comemoram a sua festa, recordando que, em 44 anos de vida, Francisco de Assis deixou-nos um testemunho de liberdade que ainda ressoa como paradigma de futuro.

Ele foi o que não somos e o que, no fundo, gostaríamos de ser.

Maria Madalena

A festa de Maria Madalena é 22 de julho. Considerada santa pelas Igrejas Católica, Ortodoxa e Anglicana, seu nome é mencionado nos quatro evangelhos.

Lucas (8,1-3) registra que Jesus se fazia acompanhar pelo grupo dos doze (os apóstolos) e por mulheres, cujos nomes o evangelista cita: "Maria, chamada Madalena, da qual haviam saído sete demônios; Joana, mulher de Cuza, o procurador de Herodes; Susana e várias outras, que o serviam com seus bens".

O "sobrenome" Madalena indica o lugar de origem — Magdala, cidade do lado ocidental do lago da Galileia, cujas ruínas visitei ao escrever *Um homem chamado Jesus* (Rocco, 2009), versão romanceada dos evangelhos. No tempo de Jesus, havia ali um próspero centro urbano dedicado ao comércio de sal.

A tradição associa Madalena à prostituição devido ao detalhe de que, dela, "haviam saído sete demônios". Na Bíblia, o número 7 significa "infinito", assim como, hoje, o símbolo matemático (∞) que é parecido a um 8 deitado. Jesus livrou Madalena de seus múltiplos pecados. Os "sete demônios" equivalem, teologicamente, aos sete pecados capitais (gula, avareza, luxúria, soberba, preguiça, ira e inveja).

Há ainda aqueles que, arbitrariamente, identificam como sendo Madalena a "mulher da cidade, uma pecadora", descrita por *Lucas* (7,36-50) como aquela que, em um jantar, lavou os pés de Jesus com perfume e os enxugou com os cabelos.

Os relatos evangélicos não foram escritos segundo óticas jornalísticas, históricas ou biográficas, e sim teológicas. Inútil procurar ali detalhes ou informações a respeito da vida íntima dos personagens citados. Contudo, ensina a sabedoria, não lemos nem vemos com os olhos, e sim com a mente. E quem tem mente poluída...

Mateus (27,56) narra que "muitas mulheres, olhando de longe", presenciaram a crucifixão de Jesus. Informa ainda que se tratava de mulheres que o seguiram "desde a Galileia e o serviram". E cita nomes: "Entre elas, Maria Madalena; Maria, mãe de Tiago e de José; e a mãe dos filhos de Zebedeu".

A mulher de Zebedeu se chamava Salomé (*Marcos* 15,40), mãe dos apóstolos João e Tiago. A segunda Maria citada era a mãe de Jesus, que, de acordo com Mateus (13,55), teve irmãos e irmãs: "Não é ele o filho do carpinteiro? Não se chama a mãe dele Maria e os seus irmãos Tiago, José, Simão e Judas?".

Mateus (27,57) acrescenta que, quando "um homem rico de Arimateia, chamado José, o qual também se tornara discípulo de Jesus" levou o corpo do crucificado para o túmulo talhado na rocha, "Maria Madalena e a outra Maria (mãe de Jesus) estavam ali sentadas em frente ao sepulcro" (27, 61). O que é confirmado pelo evangelista *Marcos* (15,40).

No dia seguinte ao sábado, que corresponde ao nosso domingo, "Maria Madalena e a outra Maria vieram ver o sepulcro" (28,1). O que é confirmado pelo evangelista João (20,1).

Eis que o anjo aparece a elas e comunica que Jesus já não está ali, pois "ressuscitou dos mortos" (28,7). Saíram correndo para anunciar aos discípulos, quando se depararam com o próprio Jesus, que as saudou exclamando: "Alegrai-vos" (28,9), e ordenou-lhes: "Ide anunciar a meus irmãos que se dirijam para a Galileia; lá me verão" (28,10). *Por-*

tanto, foram as mulheres as primeiras testemunhas da ressurreição e também as primeiras apóstolas, anunciadoras de Cristo ressuscitado.

João (20,11-8) foi o único a relatar em detalhes a aparição de Jesus a Maria Madalena. Esta se encontrava junto ao sepulcro vazio, chorando. Não tinha ideia de quem retirara o corpo de Jesus nem por quê. Ao olhar para dentro do túmulo, viu "dois anjos vestidos de branco". Indagaram por que ela chorava. "Levaram o meu Senhor e não sei onde o colocaram", respondeu.

Logo, voltou-se e viu, fora do sepulcro, um homem de pé, que repetiu a ela a pergunta dos anjos. Ela julgou tratar-se do jardineiro do cemitério: "Senhor, se foste tu que o levaste, dize-me onde o puseste e eu o irei buscar".

Nesse momento, o Ressuscitado pronunciou-lhe o nome: "Maria!". Ela o reconheceu e reagiu em hebraico: "Rabbuni!", expressão aplicável a Deus, significa mestre e é mais solene que rabi, de rabino. Madalena se lançou aos pés de Jesus, para abraçá-lo. Ele a conteve: "Não me retenhas, pois ainda não subi ao Pai. Vai, porém, a meus irmãos e dize-lhes: 'Subo a meu Pai e a vosso Pai; a meu Deus e a vosso Deus'".

Encerra-se assim o relato de *João* (20,18): "Maria Madalena foi anunciar aos discípulos: 'Eu vi o Senhor'. E contou o que Jesus tinha dito".

Eis o que os quatro evangelhos nos informam sobre Maria Madalena — discípula e apóstola.

Paulo, o apóstolo

Paulo de Tarso, que dá nome à mais rica e populosa cidade do Brasil, foi sem dúvida um homem singular. Um dos primeiros discípulos de Jesus, sobre ele possuímos mais informações graças às cartas que escreveu — das quais conhecemos treze — e ao relato do evangelista Lucas, com quem fez viagens missionárias, intitulado *Atos dos Apóstolos* — documentos que integram o Novo Testamento e são considerados pela Igreja fontes de revelação de Deus.

Paulo ou Saulo, nascido provavelmente no ano 1 de nossa era e falecido em 64, aos 63 anos, em Roma, falava de si mesmo sem o menor pudor e se gabava de sua cultura (2ª *Coríntios* 11,6) e do título de "cidadão romano" (*Atos* 16,37), herdado do pai. O que comprova que certa dose de narcisismo ou vaidade não é prejudicial à santidade... Ou melhor, demonstra que os santos são tão humanos como qualquer um de nós, imperfeitos e pecadores. A diferença é que, em tudo, buscam fazer a vontade de Deus.

Observe o leitor como Paulo se apresenta: "Sou judeu de Tarso da Cilícia, cidadão de uma cidade de renome (*Atos* 21,39), circuncidado ao oitavo dia, da raça de Israel, da tribo de Benjamin, hebreu, filho de hebreus segundo a Lei (de Moisés), fariseu... Pela justiça da Lei, considerado irrepreensível" (*Filipenses* 3,5-6).

Como quase todos os judeus inseridos na cultura grega, ele acresceu ao próprio nome judeu, Saulo, outro grego, foneticamente semelhante: Paulo.

Seus pais haviam emigrado da Palestina para Tarso. Judeus piedosos, resistiram à ideia de matricular o filho em escolas gregas. Tão logo completou catorze anos, Paulo foi remetido a Jerusalém, onde morava sua irmã casada. Ali, estudou na mais renomada escola rabínica da época: "aos pés de Gamaliel" (*Atos* 22,3). Seus textos demonstram que tinha sólida formação teológica. E era excelente escritor. Seu *Hino ao amor* (1ª *Coríntios* 13,1-13) é um dos mais belos poemas da literatura universal:

> *Ainda que eu falasse*
> *A língua dos homens e dos anjos,*
> *E não tivesse amor,*
> *Seria como o bronze que soa*
> *Ou o címbalo que tine...*

A CONVERSÃO

Paulo encontrava-se entre os apedrejadores do jovem levita Estêvão, condenado por "blasfêmia" por haver se tornado cristão. As vestes dos executores foram depositadas "aos pés de um jovem, chamado Saulo" (*Atos* 7,58). O próprio Paulo se penitencia mais tarde: "Senhor, enquanto era derramado o sangue de tua testemunha, Estêvão, eu estava presente [...] e guardava as vestes daqueles que o matavam" (*Atos* 22,20).

Saulo tornou-se aguerrido inimigo dos cristãos: "Persegui de morte esta doutrina, acorrentando e encarcerando homens e mulheres" (*Atos* 22,4). Sua ira recaía especialmente sobre os cristãos "ecumênicos", que se abrigavam em Damasco. Os judeo-cristãos de Jerusalém, mais apegados à lei mosaica, não foram molestados por ele.

Ele mesmo narrou o que lhe ocorreu aos 28 anos: "Fui com o objetivo de ali prendê-los (os cristãos) e trazê-los acorrentados a Jerusalém, onde seriam castigados. Ora, estando eu a caminho e aproximando-me de Damasco, pelo meio-dia, de repente me cercou uma intensa luz do céu. Caí por terra e ouvi uma voz que me dizia: 'Saulo, Saulo, por que me persegues?'. Respondi: 'Quem és, senhor?'. E ele me disse: 'Sou Jesus Nazareno, a quem persegues'" (*Atos* 22,5-10).

Paulo diz que caiu. Não se sabe se do cavalo, da carroça ou simplesmente tombou ao caminhar... O fato é que o martírio de Estêvão havia lhe causado um forte impacto.

Talvez o neocristão tivesse preferido, ao abraçar o seguimento de Jesus, inserir-se na comunidade de Jerusalém. Contudo, foi em Damasco, ao pregar nas sinagogas, que despertou sua vocação apostólica. Pouco depois se retirou para o deserto, talvez para se preparar, espiritual e teologicamente, em alguma comunidade judeo-cristã "ecumênica". Ali permaneceu treze anos! Nada se sabe sobre esse período da vida dele.

A MISSÃO

Aos 41 anos de idade, Paulo dirigiu-se a Jerusalém para "visitar" o chefe da nascente Igreja, Pedro (*Gálatas* 1,18). Dali, retornou para sua cidade natal, Tarso, de onde teve de fugir, repudiado pelos judeus. Dirigiu-se a Antioquia, onde florescia uma comunidade cristã. De Jerusalém enviaram-lhe um assistente: Barnabé.

Paulo e Barnabé iniciaram suas viagens missionárias no ano 45, por Chipre, onde o segundo havia nascido. Percorreram os 150 quilômetros de extensão da ilha, de Salamina a Pafos, semeando a fé cristã. Entre os judeus, não tiveram êxito, o que foi compensado por importante conquista entre os pagãos: a conversão, em Pafos, do procônsul Sérgio Paulo.

Paulo dedicou mais de catorze anos a viagens missionárias. Percorreu cerca de 15 mil quilômetros e enfrentou todo tipo de dificuldades: foi açoitado, apedrejado, preso, assaltado; naufragou, sentiu-se traído, passou fome, frio e noites sem dormir (2ª *Coríntios* 11,24-7), exposto "ao perigo a todo o momento" (1ª *Coríntios* 15,30). Destemido, nunca guardou ressentimento.

Uma característica de Paulo era a sua capacidade de inculturação. Aos judeus, pregava em sinagogas. Em Listra, na falta de sinagoga, dirigiu-se às portas de Júpiter, onde os pagãos julgaram ver Mercúrio, o deus da eloquência, em forma humana (*Atos* 14,11).

Nem sempre é fácil fazer coincidir a mudança de nosso modo de pensar com a do nosso modo de agir. Foi o que ocorreu a judeo-cristãos de Jerusalém e a Pedro. Eles acreditavam que um pagão convertido ao cristianismo deveria, primeiro, aceitar certos rituais judaicos, como a circuncisão e as práticas de pureza. Ora, Paulo discordava de tal recomendação. Para ele, um pagão podia abraçar a fé em Cristo sem a menor observância à lei mosaica. Diante do impasse, no ano 51, ele participou, em Jerusalém, do primeiro concílio da história da Igreja.

Pela *Carta aos Gálatas*, sabemos qual foi a atitude de Paulo no concílio. Acusou os adeptos da circuncisão de "falsos irmãos" e de "intrusos que se infiltraram para espionar a liberdade que temos em Jesus Cristo, a fim de nos escravizar" (*Gálatas* 2, 4). Lucas nos faz saber que "a discussão foi longa" (*Atos* 15,7). Ao final, chegaram a um acordo, com certas concessões aos mais tradicionalistas.

Contudo, logo depois, em Antioquia, ocorreu um incidente entre ele e Pedro. Eis o que Paulo escreveu na *Carta aos Gálatas* (2,11-4): "Quando Pedro foi a Antioquia, eu o enfrentei em público, porque ele estava claramente errado. De fato, antes de chegarem algumas pessoas da parte de Tiago (bispo de Jerusalém), ele comia com os pagãos; mas, depois que chegaram, Pedro começou a evitar os pagãos e já não se misturava com eles, pois tinha medo dos circuncidados. Os outros judeus também começaram a fingir, e até Barnabé se deixou levar pela hipocrisia. Quando vi que eles não estavam agindo direito, conforme a verdade do Evangelho, eu disse a Pedro, na frente de todos: 'Você é judeu, mas está vivendo como os pagãos e não como os judeus. Como pode, então, obrigar os pagãos a viverem como judeus?'"

Paulo não era contra os judeo-cristãos observarem a lei mosaica. Encarava isso com tolerância. A questão se complicou quando percebeu que Pedro mudou seu modo de agir e passou a admitir que a salvação não viria apenas como dom gratuito de Cristo, mas também pelo cumprimento da lei de Moisés. Ao retomar seus antigos costumes judaicos, Pedro fez os pagão-cristãos se sentirem inferiores aos judeo-cristãos, como se fossem fiéis de segunda classe.

O EXEMPLO

Paulo fazia questão de não ser um peso às comunidades que o acolhiam. Sustentava-se com o seu ofício de fabricante de tendas e de objetos de couro (*Atos* 18,3). Nesse sentido, abdicava de sua origem elitista e se igualava a servos e escravos, os únicos que, naquela cultura helenista, faziam trabalhos manuais. Assim, disseminava a palavra de Cristo na base social do Império Romano.

Era um pedagogo. Não se enclausurava num templo à espera de que os fiéis viessem ao seu encontro. Ao chegar a Atenas, onde a comunidade judaica era pequena, dirigiu-se à ágora, onde o povo se reunia para debater temas diversos. Foi encarado como um "charlatão" (*Atos* 17,18) que anunciava um novo par de divindades: Jesus e Anástase. Isso porque ele pregava a Ressurreição, em grego "anástasis".

Sugeriram-lhe ir ao Areópago, a colina de Marte, onde se reuniam os interessados em filosofia. Paulo exercitou ali toda a sua pedagogia evangelizadora: valorizou seus ouvintes como "extremamente religiosos" (*Atos* 17,22) e, ao deparar-se com um altar dedicado "ao deus desconhecido", soube tirar proveito: "Aquele que venerais sem conhecer é este que vos anuncio" (*Atos* 17,23). E parafraseando Arato, poeta conhecido pelos gregos, concluiu que Deus "não está longe de cada um de nós; é nele que vivemos, nos movemos e existimos" (*Atos* 17,27-8).

Para tempos de fundamentalismos religiosos, Paulo nos deixou importante legado por seu testemunho como alguém que passou de perseguidor a perseguido, de membro da elite a pregador itinerante abrigado em comunidades populares, de fariseu intolerante a cristão dotado de espírito ecumênico, de legalista a misericordioso.

Paulo soube ser grego com os gregos e judeu com os judeus; respeitou a hierarquia da Igreja sem deixar de criticar inclusive o papa, Pedro; demonstrou que o contrário do medo não é a coragem, é a fé.

Com muita justeza, Paulo admitiu na *Segunda carta a Timóteo* (4,7-8): "Combati o bom combate, terminei a minha corrida, conservei a fé. Agora só me resta a coroa da justiça que o Senhor, justo juiz, me entregará naquele Dia".

Místico, Paulo ousou exclamar: "Já não sou eu que vivo, é Cristo que vive em mim" (*Gálatas* 2,20).

Atualidade de são João da Cruz

A Igreja Católica celebra, a 14 de dezembro, a festa de são João da Cruz, místico espanhol do século XVI que figura entre os melhores poetas ibéricos. A chama do carmelita descalço parece mais viva atualmente, como se a simples menção de seu nome tocasse os porões de nosso inconsciente, lá onde a razão se cala, a intuição desconfia e a oração descerra, abrindo-nos o olhar a tão forte sol que tentar vê-lo é condenar-se à cegueira.

Amigo dileto de Teresa de Ávila, João da Cruz ousou arrancar dos céus o Deus hierático da Idade Média e trazê-lo à terra para centrá-lo no coração humano. Seu caminho espiritual é o da noite escura, o destemor da fé, o desejo contraído e canalizado para o âmago do ser, reduto onde a nossa verdadeira identidade despe-se de todo o supérfluo, de toda fantasia, oásis etéreo que sacia a mais profunda sede.

> *Sabor de bem que é finito,*
> *ao mais que pode chegar*
> *é cansar o apetite*
> *e estragar o paladar.*
> ("Glosa ao Divino")

De origem pobre, João da Cruz dominava os ofícios de carpinteiro, entalhador, alfaiate, pintor e enfermeiro. Aos 21 anos, ingressou na vida religiosa e matriculou-se como artista na Universidade de Salamanca. Aos 25 conheceu Teresa de Ávila e decidiu acompanhá-la na reforma do Carmelo. Encarado como rebelde, foi encarcerado, pela primeira vez, por seus confrades, em 1575. De novo aprisionado em dezembro de 1577, passou oito meses no cárcere, onde escreveu seus poemas místicos.

> *Ó noite que juntaste*
> *Amado com amada*
> *amada já no Amado transformada.*
> ("Canções", Subida do monte Carmelo)

Fugiu da prisão em uma madrugada de agosto de 1578. Era outro homem, transfigurado pela ascética meditação que o mergulhou na paixão divina. Escreveu, então, a *Subida do monte Carmelo*, roteiro para quem se propõe a experimentar, já nesta vida, Deus como caso de amor.

Falecido aos 49 anos, em 1591, João da Cruz parou de escrever aos 44. De seus quatro mais importantes livros, só um foi completado, *Chama viva de amor*. Os outros foram interrompidos, como se ele próprio já não encontrasse palavras para traduzir o fulgor que reluzia em seu espírito. Quem inventará palavras para os amantes darem nomes a seus arroubos?

> *E quando tu me olhavas,*
> *Tua graça em mim Teus olhos imprimiam:*
> *Por isso mais me amavas*
> *E nisso mereciam*
> *Meus olhos adorar o que em ti viam*
> ("Canções entre a alma e o esposo", Cântico espiritual)

A atualidade de João da Cruz reside em sua proposta que desnuda artimanhas e seduções. Seus cavalos trafegam em pelo, sem outro adorno senão o cavaleiro. O poço de água viva encontra-se no plexo solar. Basta fechar os olhos para ver melhor, como sugeriu José Martí, mártir da independência cubana, ecoando o filósofo Plotino.

João da Cruz propõe o caminho de Jesus num exercício cotidiano e tenaz de interiorização evangélica. Talvez não sirva para aumentar a produtividade de uma multinacional nem garanta o êxito fácil da qualidade total. Porém, ao sublinhar o *nada* nesses tempos em que todos querem tudo, ele com certeza apreende o Tudo.

> *nesse aspirar gostoso,*
> *De bens e glória cheio,*
> *quão delicadamente me enamoras!*
> (Chama viva de amor)

Que maior felicidade pode haver para a pessoa que obtém a graça de ser "chama viva de amor" entre prisões e prêmios, trabalhos e sucessos, duras disputas políticas e o canto indecifrável da poesia? O difícil é libertar-nos da ilusão de que os nossos olhos veem e a nossa sede de Absoluto pode ser saciada pelo luzidio metal da caneca. Quem poderia descrever a água? E o que importa sua análise química quando banhamos corpo e alma?

Talvez um dia haja agências de viagens interiores. Então a *Subida do monte Carmelo* será do interesse de alpinistas espirituais. Ou de escafandristas místicos, atraídos pelos tesouros que repousam no fundo de nosso próprio ser.

A sedução de Teresa

Teresa de Ávila entrou em minha vida como boia de salvação em meio à turbulência de uma crise de fé, em 1965. Naquele ano, abandonei a militância estudantil, decidido a ingressar no noviciado da Ordem Dominicana, em Belo Horizonte. O contraste entre o movimento estudantil, a prisão sofrida em junho de 1964 à raiz do golpe militar, o ingresso no curso de jornalismo da Universidade do Brasil, a intensa vida cultural no Rio onde eu morava desde 1962, as constantes viagens pelo Brasil, e o "tempo de deserto" do noviciado dominicano, recluso em um convento e entregue à vida de oração, deu um nó cego em minha fé cristã.

Entrei em processo de descrença. Minha fé perdeu, aos poucos, a nitidez de seus contornos, como uma paisagem progressivamente ensombrada pelo cair da noite... a "noite escura", descrita por são João da Cruz.

Disposto a abandonar a vida religiosa, consultei meu diretor espiritual, frei Martinho Penido Burnier. Sábio, indagou-me: "Se estivesse caminhando à noite numa floresta e a pilha de sua lanterna acabasse, o que faria? Seguiria adiante ou esperaria amanhecer?". Respondi o óbvio. Diante da resposta de que esperaria a alvorada, sugeriu-me a leitura das obras de Teresa de Ávila.

Dispensado de participar das orações comunitárias, dediquei-me à leitura meditativa (pois Teresa não merece apenas ser lida, precisa ser *sorvida*) de sua obra completa: *Livro da vida*, *Caminho da perfeição*, *Moradas do castelo interior* e o *Livro das fundações*, sem deixar de apreciar seus poemas e cartas. Como toda leitura é uma experiência dialogal, aos poucos percebi que, através de Teresa, Deus me seduzia, revelava-se como o Amor apaixonado do *Cântico dos cânticos*. Como fizera com Gomer, mulher do profeta Oseas, ele me "falava ao coração".

Graças a ela, compreendi que, ao mudar de lugar social, ocorrera em mim uma mudança de atitude teologal: a fé sociológica, forjada por influência familiar e escolar, cedia espaço a uma fé personalizada, centrada na relação amorosa. Em suma, Teresa me ensinou que Deus não se exilou no céu; ao contrário, ele habita o coração humano.

CONTEXTO DE TERESA

Teresa de Ávila (1515-82) povoa o inconsciente coletivo da cultura ocidental. Há inúmeras obras de arte inspiradas nela — da escultura de Bernini na igreja de Santa Maria della Vittoria, em Roma, na qual aparece em êxtase, flechada por um anjo, ao filme *Teresa de Jesús*, do diretor espanhol Ray Loriga. Em torno de sua figura multiplicam-se os ensaios e as teses acadêmicas, sobretudo na área da psicanálise, como é o caso do Seminário 20 de Lacan sobre o tema *Deus e a jouissance de (A) mulher*.

Feminista *avant la lettre*, essa monja carmelita do século XVI, ao revolucionar a espiritualidade cristã, incomodou as autoridades eclesiásticas de seu tempo, a ponto de o núncio papal na Espanha, dom Felipe Sega, denunciá-la, em 1578, como "mulher inquieta, errante, desobediente e contumaz". Escapou de ser queimada como "bruxa" na fogueira da Inquisição graças aos teólogos que ousaram confirmar a ortodoxia de seus escritos. Há que atinar para o contexto da época, quando eram frequentes acusações contra mulheres tidas como visionárias e iluminadas. Foi o caso de Madalena da Cruz, processada em 1546 pela Inquisição de Córdoba.

Em uma Espanha ainda submetida ao medievalismo tardio, onde a mulher devia se calar, Teresa ousou se manifestar; fez teologia a partir de sua vivência, desafiando uma Igreja que só admitia a elaboração teológica de homens formados por rígidos critérios acadêmicos e sob severa vigilância das autoridades eclesiásticas (leia-se: Inquisição).

Teresa vivia sob suspeição: por ser mulher, judia conversa ou cristã-nova e visionária. Seus detratores identificavam em suas obras vestígios do "perigo luterano" e da voga de alumbramento. Em socorro a ela, o teólogo dominicano Domingo Báñez escreveu, em julho de 1575, a respeito do *Livro da vida*: "Só uma coisa há a observar neste livro, e com razão; basta analisar bem: ele contém muitas revelações e visões, das quais se deve recear, sobretudo em mulheres [...]. Mas nem por isso haveremos de tornar regra geral que todas as revelações e visões provêm do demônio".

Apesar disso, o inquisidor Alonso de la Fuente, em 1591, qualificou de "heréticos" os escritos de Teresa: "A autora deste livro [o *Livro da vida*] descreve a história de sua vida e conversações e virtudes, alegando que assim lhe ordenaram seus confessores. Ora, entre muitas palavras de significado humilde, diz um milhão de vaidades, a saber: que por suas orações muitos se converteram; que falando com ela muitas pessoas receberam graças do Senhor; que tal e tal pessoa douta beberam de sua ciência; que todos a estimavam muito; que convertia muitos pregadores [...] e outras leviandades que nos fazem suspeitar do espírito de vaidade que a envolveu. E disso todo o livro está repleto".

REVOLUÇÃO COPERNICANA

Toda a atividade de Teresa, como fundadora de conventos de mulheres consagradas à contemplação dos mistérios divinos, passa-se na

Espanha abalada pelos estertores da sociedade medieval teocêntrica diante do advento da modernidade antropocêntrica. A velha teologia escolástico-especulativa cedia lugar a uma teologia mais experimental. Também em Teresa desponta o "sujeito moderno", na conquista de um si mesmo pessoal, aberto ao infinito e à transcendência. Na espiritualidade cristã, ela equivale ao que significam Copérnico na astronomia e Leonardo da Vinci nas artes plásticas.

Esta a revolução copernicana operada pela monja nascida em Ávila: arrancou Deus dos píncaros celestiais e o situou no cerne da alma. Deus deixou de ser um conceito (teológico), forjado à luz de categorias (pagãs) gregas, para se tornar uma experiência (teologal) vivida como intensa paixão amorosa.

Em Teresa, o Deus-juiz, atento aos nossos pecados, cede lugar ao Deus-Pai misericordioso; as portas do inferno se fecham diante da força abrasadora do amor; o enigma da morte se transforma na expectativa de mergulho na plenitude.

Teresa, nesse sentido, imitou Jesus. Imerso numa cultura judaica que se recusava a pronunciar o nome de Deus, Jesus a ele se referia na linguagem da intimidade familiar — *abba* (um dos raros vocábulos aramaicos que figuram nos evangelhos) e que significa "meu pai querido" (*Marcos* 14,36).

Esse amor ao absoluto, essa intimidade com o Transcendente, é o que transparece na biografia espiritual da monja carmelita. Autodidata, Teresa escrevia como sentia, mais com a pele que com a cabeça, ou melhor, descrevia suas experiências sem se preocupar em dar-lhes fundamentação teológica, assim como a amante luta com as palavras para balbuciar o indizível, a relação inefável com o Amado.

O papa Paulo VI concedeu a Teresa de Ávila, em 1970, o título de "doutora da Igreja". Foi a primeira mulher a receber tal honraria. Merecidamente.

Mestres espirituais

Por que o Dalai-Lama exerce tanto fascínio? Como tantos mestres espirituais, ele parece encarnar tudo aquilo que não somos e gostaríamos de ser. Transmite-nos uma imagem de paz, neste mundo repleto de conflitos; de coerência, nesta sociedade que não prima pela ética; de profundidade espiritual, nesta civilização que se deixa hipnotizar pela superficialidade do consumismo.

Não somos capazes de imaginar o Dalai-Lama gritando com um de seus monges. No entanto, erguemos a voz irritados com familiares e subalternos. Não imaginamos o mestre espiritual do Tibete fraudando o salário da cozinheira. No entanto, custa-nos pagar aos empregados um valor que, no futuro, permita-lhes deixar de viver em função da sobrevivência imediata. Impossível supor que o Dalai-Lama fique irado com uma crítica pessoal. No entanto, sentimos a autoestima ferida quando temos certeza de que as nossas fraquezas são percebidas pelos outros.

Por que esse fascínio que os mestres espirituais exercem sobre nós? A resposta não reside neles. Reside em nós. Mais os admiramos quanto mais temos consciência de nossas dificuldades para abraçar as mesmas sendas.

O que nos atrai em Jesus, Buda ou Francisco de Assis é que foram capazes de uma opção radical pela felicidade. Eis um bem que todos buscamos. Porém, eles nos sinalizam que a felicidade é uma lagoa paradisíaca escondida dentro de uma floresta, à qual se tem acesso por trilhas inóspitas. É a terceira margem do rio, a que se refere o conto de Guimarães Rosa. Sonhamos com a lagoa, mas tememos empreender a caminhada. Não queremos perder de vista a primeira margem do rio. O resultado é essa tentativa sisifista de procurar conciliar o inconciliável: o apego aos bens materiais e o desprendimento espiritual, o horror aos pobres e o amor ao próximo, o medo de mudanças e a sedução da utopia.

As vias do neoliberalismo são contrárias àquelas dos mestres espirituais. Estes acreditam que a felicidade situa-se no mais íntimo de nós, nos bens infinitos, na experiência incondicional do amor. O sistema, contudo, apregoa que a felicidade reside nos bens finitos, na posse e na acumulação, e é o resultado da soma dos prazeres. É o que a publicidade sugere: vista esta roupa, coma naquela lanchonete, ande em tal carro, use este cartão de crédito... e você será feliz!

O valor dos mestres espirituais emana da vida interior. São pessoas que dispensam o olhar alheio. Fama e fortuna pouco lhes importam. Preferem uma hora de meditação a três de aplausos. São capazes de empatia com os anônimos. Sedentos de justiça, jamais se conformam com o mundo tal como se apresenta. Exalam compaixão, tolerância e esperança.

São militantes de causas aparentemente impossíveis, e por elas dão a vida. Não dialogam com a tentação, nem se esforçam por manter o precário equilíbrio de quem insiste em ter uma perna na vaidade e outra no desprendimento, uma na sensualidade e outra na interioridade, uma na indiferença à desigualdade social e outra na utopia.

A cultura consumista adota como mandamentos os sete pecados capitais: a gula, a luxúria, a avareza, a ira, a inveja, a preguiça e o orgulho. A vida espiritual trafega pelo caminho inverso: desapego aos apetites, pudor, respeito ao outro, recato, serviço, gratuidade. Em um mundo em que a competitividade é exaltada como valor supremo, como esperar que as pessoas pratiquem a solidariedade?

Os mestres espirituais só interessam ao consumismo na medida em que servem de pretexto para vender algum produto — seja a oposição ao regime chinês ou as mercadorias veiculadas por quem patrocina o espaço televisivo.

A vida espiritual não é um jogo de emoções que nos faz experimentar a vertigem do Transcendente, mas uma atitude concreta e efetiva para com o próximo, de modo a vencermos o individualismo para criar vínculos de comunhão. O egoísmo é uma tendência natural em todos nós. O altruísmo é uma cultura.

O critério evangélico para se saber quem está ou não no caminho ensinado por Jesus é simples: aqueles que são capazes de identificá-lo na face dos excluídos e lutam para que todos tenham vida e vida em plenitude. A vida espiritual não é um luxo narcísico. É o reflexo, em nós, do amor que somos capazes de dar aos outros.

PARTE 4
RELIGIÃO E AMOR

O amor como critério moral

A moça de dezenove anos, filha de comerciantes, levantou-se durante a celebração comunitária da penitência e disse ao sacerdote que uma vez por mês compareceria à cidadezinha:

— Padre, quero confessar os meus pecados, os pecados de minha família e os pecados de meu povo.

Ninguém se espantou. Em voz alta, a moça se confessou perante a comunidade. Pediu perdão por sua omissão diante dos desafios que a realidade lhe colocava. Muitas vezes é preferível fingir que não se sabe, não se ouve, nem se vê. Bancar o avestruz com a cabeça enfiada na areia. Deixar que "os outros resolvam", que alguém tome a iniciativa, asfixiando a força do Espírito de Deus em nosso espírito.

A moça contou como sua família ainda não chegara a admitir que seus interesses estavam acima dos interesses da coletividade:

— A família pensa mais em si mesma do que nos outros. Preocupa-se muito com a segurança financeira e com as aparências sociais.

Em seguida, descreveu, em tom mais profético que propriamente penitencial, as injustiças que, naquela região, fazendeiros e comerciantes cometiam contra o povo:

— O preço do feijão é baixo na hora de o lavrador vender e alto quando os donos dos armazéns já fizeram seus estoques. Os bancos negam crédito ao pequeno agricultor. Os médicos cobram muito dinheiro por uma consulta. E o povo ainda não acredita que a sua união e a força de sua esperança possam operar o milagre da multiplicação dos pães.

No fim, a moça pediu perdão "ao Deus que se fez povo com o povo em Jesus de Nazaré".

Essa consciência da dimensão social do pecado e de sua responsabilidade coletiva não ocupa, ainda, o lugar que lhe cabe na comunidade cristã. Por força de uma formação penitencial acentuadamente individualista, como reflexo da própria concepção de homem e de mulher predominante em nossa sociedade, o pecado tem sido entendido como um ato isolado, de responsabilidade estritamente pessoal. Assim como as várias modalidades de crime. O direito penal, bem como a tradição penitencial, não consideram os fatores sociais que engendram o criminoso e o pecador. Consideram apenas a infração à lei. De fato, alguns criminosos pagam, não por terem transgredido as normas que regulam as relações sociais, mas sim por terem nascido numa sociedade e numa classe social que não lhe oferecem outra alternativa senão o caminho da marginalidade.

PEÇA PERDÃO SEM COMPROMISSO

A moral clássica não considera as implicações sociais dos atos pessoais nem as consequências na vida da pessoa de condicionamentos que independem diretamente de sua vontade. A própria estrutura da confissão individual favorecia essa tendência: a acusação dos pecados partia de um "exame de consciência". Nesse esforço isolado e subjetivo, o peso psicológico do sentimento de culpabilidade era tido, muitas vezes, como sendo o próprio pecado. A observância da lei, das normas e dos costumes tinha mais importância que a procura amorosa de Deus através das ambiguidades da vida humana. O exame não era feito perante a comunidade nem levava em conta suas exigências objetivas. A ofensa ao próximo era avaliada numa atitude intimista que, objetivamente, continuava a ignorar o ofendido. Nada parecido às reuniões de crítica e autocrítica das comunidades cristãs primitivas. A culpa não residia tanto na traição à comunidade, mas no fato de ferir aqueles valores introjetados no próprio penitente e que, contrariados, faziam alterar a imagem que ele tinha de si. No fundo, um olhar sobre si mesmo e não sobre os outros que mediatizam o nosso encontro com Deus e com as condições históricas nas quais ele revela seus desígnios... Processo mais narcisista, tipicamente solipsista, do que voltado à prática de uma caridade que busca encontrar, no serviço desinteressado aos outros, a própria razão de existir de quem serve por exigência de uma fé comunitária.

Nessa estrutura do ato penitencial, a acusação das faltas era feita a um indivíduo, o padre, e não à comunidade dos discípulos, pela qual Cristo concede o perdão (*Mateus* 18,18). Por sua vez, o padre, preocupado em fazer andar a longa fila que se estendia diante do confessionário, restringia-se a emprestar o seu ouvido como um membro mágico capaz de absorver e diluir os erros e desvios do penitente. Enfim, a penitência recomendada após a absolvição quase nunca visava encorajar a pessoa a reparar objetivamente os seus erros. Três ou quatro orações eram suficientes. O perdão era dado sem a exigência explícita de compromisso comunitário.

Somado a tudo isso, imperava a ideia fatalista do pecado, tido como algo "sujo" e "indecente", capaz de anular tudo de bom que a pessoa fez no decorrer de toda a vida e condená-la ao inferno. Concepção eminentemente farisaica. O bom cristão era "puro", como se a assepsia da alma tivesse seu reflexo numa atitude objetiva de repugnância a tudo isso que o consenso burguês considera ilícito, proibitivo, sórdido, maldito e demoníaco. O pecado era facilmente identificado com toda atitude questionadora dos valores burgueses impregnados da ideologia dominante em nossa sociedade. O respeito a esses valores era tido como respeito aos próprios mandamentos divinos. Com uma pequena dose de fé, todo bom cidadão passava por bom cristão. E, objetivamente, todo cristão tinha a obrigação de não cometer nenhuma falta. Poderia fazê-lo subjetiva e clandestinamente. Mas ai dele se ela caísse no domínio público! A pessoa via-se vítima de toda sorte de desprezo, rejeição e maledicências. Os "bons" não lhe poupavam pedras. Pecado e pecador eram amaldiçoados. No entanto, toda a Igreja continuava a rezar, diariamente, a oração com a qual Jesus nos ensinou a conclamar ao Pai a subversão da ordem vigente — "Venha a nós o vosso Reino" — e a reconhecer que o cristianismo não é uma religião de santos, mas de pecadores — "perdoai as nossas ofensas, assim como nós perdoamos a quem nos tem ofendido".

PRIVATIZAÇÃO DA MORAL E IMORALIDADE VIGENTE

A privatização da moral é uma característica típica das sociedades juridicamente repressivas e economicamente liberais. O cidadão não tem o direito de fugir ao padrão ético predominante nas relações sociais reguladas e regulamentadas. Entretanto, essa mesma sociedade lhe oferece toda sorte de imoralidades na forma de prostituição organizada, propaganda sensual, espetáculos eróticos e literatura pornográfica. Tudo isso é permitido e juridicamente regulamentado pela mesma ordem social que defende a preservação da família monogâmica e reprime a delinquência juvenil. Dessa indústria da luxúria qualquer um pode usufruir, desde que consiga preservar seu anonimato.

Há nisso uma aparente contradição logo anulada se considerarmos que, jurídica e economicamente, essa ordem social tem um só objetivo: a acumulação de capital em mãos da minoria. Se não houvesse repressão individual, todos poderiam satisfazer seus apetites como quisessem e onde bem entendessem. A indústria da luxúria iria à falência. Mas quanto maior o puritanismo, como na tradição anglo-saxônica, tanto mais rendosa é essa indústria, capaz de oferecer milhares de empregos e subempregos e incentivar o turismo. Na lei da oferta e da procura, o que se encontra com maior dificuldade pode ser oferecido por um preço mais elevado.

Por outro lado, a imoralidade vigente tem a função de encobrir a raiz do pecado social estruturado nos próprios mecanismos de produção e consumo dessa sociedade baseada na divisão de classes sociais, na apropriação da mais-valia produzida pelo trabalho, na concorrência e no lucro. A supressão dessa raiz, que produz a marginalidade, e de seus frutos mais notórios, como a prostituição, implicaria a declaração de falência dessa mesma sociedade, o que não interessa àqueles que detêm em suas mãos as instituições jurídicas e a engrenagem econômica que asseguram a sua posição privilegiada.

Essa privatização da moral, resultante da ideologia burguesa, contribui para camuflar as verdadeiras causas do pecado social. Cria-se uma contradição entre a moral que individualmente as pessoas praticam e a moral que socialmente elas aceitam. A dona de casa não é capaz de espancar a empregada doméstica que deixou cair a louça. Seria um retrocesso à escravidão. No entanto, é capaz de pagar o menos possível para poder contar com essa empregada trabalhando o mais possível. O religioso não se armaria de um cabo de vassoura para expulsar o pobre que bate à sua porta. Seria uma escandalosa negação de todos os seus bons propósitos. Entretanto, sua congregação é capaz de manter uma escola que não propicia instrução senão aos mais abastados e em suas comunidades são os mais ricos, e não os pobres que se sentem à vontade. Essa flagrante contradição é reduzida, tanto na consciência da dona de casa quanto na do religioso, pelo consenso ideológico vigente de que o social escapa à responsabilidade pessoal de quem não participa diretamente do poder.

A ambiguidade moral permite a certos cristãos adotarem uma moral de intenção desvinculada da prática moral. Para estes, alguém é tido como "bom" e "justo" não por viver de fato descomprometido com a injustiça, mas sim por revelar, na polidez de suas palavras, estar dotado de "boas intenções". Essa moral alimenta na pessoa a flagrante contradição entre esfera de vida subjetiva e sua esfera objetiva. Uma coisa é aquilo que ela pensa; outra, aquilo que faz. O que ela diz não corresponde objetivamente ao modo como vive.

Na prática, esse tipo de cristão pode ser tão injusto e opressor quanto outros homens e desfrutar dos mesmos cargos, usufruir dos mesmos privilégios, adotar os mesmos costumes — desde que seja diferente deles nas intenções...

A "caridade" decorrente dessa ambiguidade moral pertence sobretudo à esfera dos sentimentos. É um "querer bem" aos outros que nada tem a ver com as estruturas e as relações sociais marcadas pela iniquidade. Uma "caridade" polidamente educada, socialmente conveniente, farisaicamente encobridora de um egoísmo ferrenho. Nada é feito além do estreito círculo das relações interpessoais. Aquele que "quer bem" ao outro, interessa-se por ele enquanto não se sente desafiado ou ameaçado. Quando amar mais o próximo começa a exigir, de fato, amar menos a si e arriscar-se pelo outro, então encontra-se logo uma maneira de justificar a mesma postura omissa que tiveram o sacerdote e o levita na parábola do Bom Samaritano (*Lucas* 10,25-37).

IMPLICAÇÕES PSICOSSOCIAIS DA TEOLOGIA MORAL

A concepção de pecado atrelada a uma visão individualista, aliada a um moralismo desencarnado e a uma casuística policialesca, foi objeto da mais severa repulsa de Jesus. Os escribas e fariseus pagavam religiosamente os impostos previstos. Não tocavam nos objetos considerados impuros. Prescreviam a pena de morte para a mulher adúltera. No entanto, transgrediam os pontos mais importantes da lei: a justiça, a misericórdia e a fidelidade (*Mateus* 23,23).

Por sua atitude amorosa, Jesus desafiava todos os falsos moralismos. Para os judeus, a mulher era um ser inferior ao homem, os samaritanos eram tidos como hereges, e as prostitutas, apedrejadas em público. Mas, à beira do poço de Jacó, Jesus se abriu em longa conversa com uma mulher samaritana que já havia vivido com cinco maridos (*João* 4,1-42).

Na tentativa de fugir a essa casuística que, por tanto tempo, perturbou mentes delicadas e escrupulosas, os tratados de moral passaram a abordar a questão do pecado segundo a concepção conhecida por "ética de situação". Os atos da pessoa deixam de ser tomados isoladamente. Considera-se agora o contexto em que ela vive, sua história pessoal, os fatores que a induziram a fazer isto ou aquilo, as consequências para si e para os outros. Um mesmo ato pode ser praticado por diferentes pessoas sem que, necessariamente, tenha o mesmo peso moral. Não se parte do ato em si, como se objetivamente ele fosse "bom" ou "mau", mas da situação concreta em que a pessoa foi levada a praticá-lo.

Nos últimos anos, a psicologia e as demais ciências que tratam da mente e do espírito humanos passaram a ter influência decisiva na noção de pecado. Podemos considerá-lo como um ato livre e consciente, praticado por uma pessoa responsável, em ofensa a Deus e ao próximo. Mas quem é essa pessoa? A liberdade não é algo que a pessoa conquista ao completar 7, 14 ou 21 anos. Nenhuma idade, nem a idade da razão, determina o momento a partir do qual a pessoa se torna um ser plenamente responsável por todos os seus atos. A vida é toda ela um aprendizado de liberdade. Esta é sempre inacabada, pois a pessoa vive também presa aos mecanismos de seu inconsciente, aos fatores biogenéticos de seu desenvolvimento, aos determinismos fisiológicos, psicológicos e sociais dos quais ela nem tem consciência, mas que moldam a sua maneira de pensar e de viver.

As ciências que têm por objeto a psique humana vieram em socorro da teologia moral para apontar, lá no fundo do nosso inconsciente, a complexidade do ser humano. Essa complexidade não pode, contudo, ser justificada, em última instância, por fatores meramente psicológicos. Experiências realizadas em hospitais psiquiátricos de países onde as contradições sociais entraram em processo de superação de seus antagonismos básicos revelam que os desequilíbrios biopsíquicos têm sua origem nos desequilíbrios da própria ordem social. Quando um sistema social determina a discriminação entre os seus membros, fundada no antagonismo entre as classes, cria-se um consenso — para o qual não faltam "bases científicas" — de que certos elementos seriam irremediavelmente desajustados e irrecuperáveis: os criminosos, os psicopatas, os homossexuais, os esquizofrênicos, as prostitutas, os neuróticos, os agressivos, os depressivos, enfim, todo o conjunto de "loucos" condenado a viver marginalizado e desprezado. Isso ocorre em menor escala, mas na mesma proporção discriminatória, entre os membros de uma família ou de um grupo específico que avalia o comportamento de seus integrantes segundo o modelo ideologicamente padronizado que é adotado. Qualquer um que não se enquadre nesse modelo corre o risco de ser obrigado a suportá-lo ao preço de graves conflitos internos e de tornar-se suspeito de, no mínimo, estar doente. Assim, será convidado a submeter-se a um tratamento para curar-se de seus "desequilíbrios" e de suas "neuroses", a fim de readaptar-se ao modelo que dita as regras de convívio e relacionamento entre os demais.

MARGINALIDADE SOCIAL E ANIQUILAMENTO PESSOAL

Quanto mais o grupo ou a sociedade marginaliza um de seus membros, mais tende a agravar o estado em que ele se encontra. Não basta que os pressupostos de uma moral "psicológica" absolvam os seus pecados. Nesse caso, o pecado é do grupo que rejeita certo tipo de pessoa, deixando de amá-la como manda o mais elementar dos mandamentos cristãos, ou seja, sem procurar as causas estruturais que provocam essa situação e tentar modificá-las. Esse pecado pode, inclusive, levar a pessoa à morte. Seja a morte encerrada numa vida destituída de confiança em si, de criatividade, de alegria, de coragem de amar, de abertura ao próximo; seja a morte física, provocada pelas próprias condições de marginalidade a que a pessoa foi condenada a viver.

Baseando-se nas pesquisas de W. B. Cannon, o antropólogo Claude

Lévi-Strauss mostrou como a magia de um feiticeiro é capaz de levar à morte um dos membros da tribo:

> Um indivíduo, consciente de ser objeto de um malefício, é intimamente persuadido, pelas mais solenes tradições de seu grupo, de que está condenado; parentes e amigos partilham dessa certeza. Desde então a comunidade se retrai: afasta-se do maldito, conduz-se a seu respeito como se fosse, não apenas já morto, mas fonte de perigo para o seu círculo; em cada ocasião, e por todas as suas condutas, o corpo social sugere a morte à infeliz vítima, que não pretende mais escapar àquilo que considera seu destino inelutável. Logo, aliás, celebram-se por ela os ritos sagrados que a conduzirão ao reino das sombras. *Incontinenti*, virtualmente privada de todos os seus elos familiares e sociais, excluída de todas as funções e atividades pelas quais tomava consciência de si, depois encontrando essas forças tão imperiosas novamente conjuradas, mas somente para bani-la do mundo dos vivos, cede à ação combinada do intenso terror que experimenta, de retirada súbita e total dos múltiplos sistemas de referência fornecidos pela conivência do grupo, enfim, à sua inversão decisiva que, sujeito de direitos e obrigações, proclama sua morte, objeto de temores, de ritos e proibições. A integridade física não resiste à dissolução da personalidade social.
>
> Como se exprimem esses fenômenos complexos no plano fisiológico? Cannon mostrou que o medo, assim como a cólera, se faz acompanhar de uma atividade particularmente intensa do sistema nervoso simpático. Essa atividade é normalmente útil, acarretando modificações orgânicas que possibilitam ao indivíduo se adaptar a uma situação nova; mas se o indivíduo não dispõe de nenhuma resposta instintiva ou adquirida para uma situação extraordinária, ou que ele considere como tal, a atividade do simpático se amplia e se desorganiza, e pode, em algumas horas às vezes, determinar uma diminuição do volume sanguíneo e uma queda de pressão concomitante, tendo como resultado desgastes irreparáveis para os órgãos de circulação. A recusa de alimentos e de bebidas, frequente em doentes tomados de uma angústia profunda, precipita essa evolução, a desidratação age como estimulante do simpático e a diminuição do volume sanguíneo é acrescida pela permeabilidade crescente dos vasos capilares. Essas hipóteses foram confirmadas pelo estudo de inúmeros casos de traumatismos consequentes de bombardeios, de ações nos campos de batalha, ou mesmo de operações cirúrgicas: a morte intervém, sem que a autópsia possa revelar a lesão.

DESEQUILÍBRIO MORAL E DESEQUILÍBRIO SOCIAL

Não basta que a moral relegue os desvios da pessoa à esfera das profundezas psíquicas, num esforço de legitimar cientificamente a inculpabilidade teologal. Nem é suficiente remeter a pessoa aos centros de readaptação social, aos hospitais psiquiátricos ou aos consultórios psicanalíticos. Não resta dúvida de que certos casos, na conjuntura social em que vivemos, podem beneficiar-se de uma medida desse tipo. Não é por acreditar que só uma mudança de estruturas eliminará a fome do país que se nega um pouco de pão ao faminto que bate à porta. Contudo, é preciso ter clareza quanto às verdadeiras causas do pecado social. Assim, o tratamento dos desequilibrados ou o treinamento dos desajustados pode servir para aliviá-los de suas tensões, conscientizá-los dos traumas subjetivos, encorajá-los a assumir novos comportamentos, reintegrá-los ao convívio social. Mas, dentro de uma estrutura social desequilibrante e neurotizante pelos próprios antagonismos que lhe são intrínsecos, qualquer recuperação será sempre limitada.

O pecado, que nasce no coração do homem, encontra-se historizado na forma de estruturas opressivas que se tornaram causas objetivas desse mesmo pecado. Essa relação dialética não pode ser apreendida por uma teologia moral forjada em gabinetes, mais baseada na erudição dos livros que na sabedoria da vida. Essa teologia parte da "essência" humana e não de suas condições histórico-sociais. Desse pressuposto metafísico são enumerados os direitos e deveres da pessoa humana, do Estado, da família etc., como se tais instituições valessem por si mesmas e não dentro do nó de relações que configuram um determinado modelo social. A moral oriunda dessa teologia não consegue romper os limites da ideologia predominante no sistema capitalista: o que contraria esses limites ideológicos é tido como imoral!

Em seu juízo de valor sobre a organização social, essa moral parte do papel do Estado, considerando-o algo natural e inerente à sociedade humana, para em seguida tratar das leis, do bem comum, do mercado, do preço, do capital, das instituições sociais. Cada coisa é tomada em si e não dentro da articulação socioeconômica que revela a sua natureza histórica e lhe confere um determinado caráter. A maneira pela qual os deveres devem ser cumpridos e os direitos assegurados não é levada em conta. Como pagar o salário justo, se a própria divisão entre o capital e o trabalho é uma injustiça? Como aplicar a lei indiscriminada e equitativamente, se ela é feita para defender uma minoria privilegiada? Como o Estado, controlado pelo poder econômico de uma classe, pode estar a serviço do bem comum? São definidos os princípios, sem que sejam considerados os meios pelos quais eles devem ser atingidos e as condições em que devem ser efetivados. A escolha dos meios é deixada à livre opção dos cristãos, independentemente das condições em que vivam, como se dependesse apenas de sua boa vontade e reta intenção. E, para justificar a utilização de diferentes meios em vista do mesmo fim, apela-se para o pluralismo — perigosa arma de uma teologia acostumada a racionalizar acima das situações concretas e a querer conciliar, no âmbito dos princípios e das intenções, o que é irreconciliável na prática e no real, a menos que as estruturas mediatizadoras das relações humanas sejam capazes de impedir o antagonismo entre as classes sociais.

HOMEM E MULHER TRANSFORMAM A NATUREZA E O MUNDO

A existência humana não se restringe a uma natureza previamente definida e igual para todas as pessoas de todas as épocas. O ser humano não pode ser desligado de seu contexto natural e social. Natureza e sociedade não são coisas regidas por forças arbitrárias, existindo certas leis que determinam a sua evolução e estruturação. Embora condicionado por essas leis, o ser humano é capaz de agir sobre elas. Fruto da natureza e da sociedade, ele é capaz de transformar tanto a natureza quanto a sociedade. Por isso, o ser humano não é algo acabado, condenado a suportar as adversidades históricas e sociais que o ameaçam, mas um ser em permanente evolução. Ao opor-se ao meio que o gerou, ele aperfeiçoa o mundo e a si próprio. Humaniza-se humanizando as condições naturais, sociais e históricas em que se encontra.

Nessa perspectiva, a dimensão social do pecado só pode ser entendida a partir da estrutura interna da sociedade que o engendra na forma de repressão, divisão das pessoas em classes antagônicas, submissão de um país pobre a um país rico etc. Esse pecado não reside propriamente no fato de um país apresentar elevado índice de desempregados, famintos e marginalizados. Isto é apenas o fenômeno visto por fora. O pecado reside no próprio fato de haver, no meio dessa sociedade, uma contradição entre a minoria que possui o capital e os meios de produção e a maioria que trabalha sem possuir nem mesmo os frutos de seu trabalho. Essa opressão não resulta da "má vontade" de alguém ou de um grupo. Resulta da própria estrutura que assegura o modo dessa sociedade produzir e distribuir os bens necessários à vida humana. Esse modo determina, entre as pessoas que integram essa sociedade, formas de relações necessárias e independentes de sua vontade. A totalidade dessas relações de produção constitui a estrutura econômica da sociedade, a base real sobre a qual se ergue a superestrutura jurídica e política assegurada pela ideologia que corresponde aos interesses da minoria dominante.

Esse pecado, impregnado nas estruturas e nas formas de relações humanas, só pode ser combatido, em última instância, pela mudança dessas estruturas. Estas condicionam as pessoas, assim como são criadas e transformadas por elas. Desejar a conversão pessoal sem a conversão social é dar as costas, em nome de Deus, ao mundo criado por ele e confiado ao poder humano. É buscar a salvação pessoal em nome da indiferença para com esses milhares de pessoas que vivem sobre a terra o inferno da miséria e do desamparo.

Na doutrina evangélica, o eixo da vida moral gira em torno do amor. Se a fé aboliu a lei, o amor pode existir mesmo onde a própria fé parece abolida. O amor é o principal critério moral. Fora do amor não há salvação, tudo é desgraça e perdição. No amor tudo é graça e libertação, pois o amor brota da inserção da vida divina na vida humana. Todo pecado é recusa de Deus e recusa do próximo por ser falta de amor, e toda falta de amor é pecado. Pecado é egoísmo, escolha de si mesmo. É o homem que se escolhe em detrimento do outro, a classe social que se escolhe para oprimir a outra, o país que se escolhe para explorar o outro.

Mas nada que é feito com amor e por amor é pecado, pois o amor não pensa em si mesmo e não busca o seu interesse; o amor é justo, não é discriminador, não explora o trabalho alheio, nem favorece a opressão; o amor é social, procura o bem da coletividade, liberta os oprimidos; o amor não tem prazer na injustiça, mas se alegra com a fraternidade entre as pessoas.

"Todo aquele que ama nasceu de Deus e conhece a Deus, porque Deus é amor" (1º *João* 4,7-8).

Deus como caso de amor

I

Frei Noé confessou-me uma tarde, enquanto caminhávamos pelas ruas arborizadas de Perdizes, bairro de São Paulo:
— Não consigo imaginar Deus ou imaginá-lo em algum lugar. Qualquer coisa que eu imagine é sempre fruto de minha imaginação. Não posso dizer que conheço uma pessoa a partir do juízo que formulo em minha cabeça a respeito dela. Pelas aparências, jamais penetrarei em seu mistério individual. Posso considerá-la chata, porque tem um modo ansioso de falar; ou julgá-la prepotente, por não ser perdulária em palavras e opiniões. Por um detalhe, reduzo-a injustamente aos meus adjetivos qualificativos. Ora, uma pessoa é muito mais do que as palavras que pronuncia ou os atos que pratica. Cada um de nós é sempre uma surpresa para si mesmo e, se ousássemos ser mais livres, seríamos também uma surpresa para os outros. Só posso conhecer de fato uma pessoa se ela se revela para mim. Não são as minhas ideias sobre ela que lhe servem de molde, exceto em meus preconceitos. É ela que deve dar-se a conhecer. E Deus se nos deu a conhecer em Jesus.

— Quer dizer, em se tratando de Deus, devo retrair a imaginação? — indaguei.

— Posso até mesmo imaginar o céu — disse ele. — Ao fazer isso, expulso Deus de minha intuição, que agora estará preenchida por minha própria fantasia, e não por Deus. Deus escapa aos nossos sentidos e às projeções de nossa mente. Cada vez que projetamos sentidos e mente na direção do infinito, apenas saciamos os nossos apetites. Beiramos a idolatria, pois chamamos de Deus o que são apenas nossas pobres e sedutoras sensações. Alguns mestres enfatizam que, se queremos chegar a ele, devemos nos despir de qualquer sensação que possamos produzir. Outros valorizam as sensações como vias de acesso ao Inacessível. Deus é abscôndito. Habita o mais íntimo do nosso ser, lá onde sabemos, por sobrenatural intuição, ser o lugar em que estamos radicados — ou seja, lá onde se encontram as nossas raízes mais profundas. No entanto, temos medo de percorrer esse caminho de casa.

Ofegante ao terminar de subir a ladeira, frei Noé suspirou e concluiu:

— O mundo é redondo. Já percebeu que, por qualquer lado que caminhemos, estamos sempre a caminho de casa?

II

Perguntei a frei Noé, ao visitá-lo na cela que lhe servia de escritório, se a mística é um dom de Deus a todas as pessoas ou a apenas uns poucos privilegiados.

Ele me olhou complacente. Havia brilho em seus olhos castanhos, mas o olhar era introspectivo, como se procurasse uma resposta dentro de si. Não era o olhar de quem mira interessado o interlocutor, conforme o modo de diálogo em que as palavras parecem precedidas de uma empatia mental. Minha impressão foi de que, naquele momento, o colóquio de Noé era mais intenso com uma outra pessoa, invisível, porém mais fortemente presente nele do que eu ali à sua frente.

— Os dons de Deus são como o sol e a chuva, para todos — disse ele, após um momento de introspecção. — Mas não do mesmo modo. É como uma orquestra. Todos são músicos, mas tocam diferentes instrumentos. Assim, todos nós somos chamados à união com ele, mas por caminhos distintos. E cada um faz o percurso a seu tempo e a seu modo. Porém, antes de falar da mística devo lembrar que esta palavra tem, hoje, tantos significados quanto os termos paradigmáticos de nossa cultura.

— Por exemplo?

— Democracia, liberdade, amor etc. São palavras que suportam até mesmo significados opostos entre si. O mesmo acontece com "mística". Para o movimento popular, ela é sinônimo de "animação"; fazer "mística" é animar o início de uma reunião. Prefiro a definição de Wittgenstein: "Não como o mundo é, mas o que o mundo é, isso é o místico". A palavra deriva do grego "mystikos", aquele que participa das cerimônias que celebram os mistérios (*ta mystika*) de morte e ressurreição de um deus; como o advérbio "mystikos", que significa secretamente, deita raízes no verbo "myo", que expressa a atitude de fechar olhos e boca, calar-se diante do Mistério. O vocábulo não aparece no Novo Testamento. Só é adotado pelos cristãos a partir do século III.

— A mística é um fenômeno universal e perene?

— Sim, enquanto consciência aguda e direta da presença de Deus. Essa voracidade é como um fogo que, nesta vida, jamais se apaga do coração humano. Em seu significado cristão, a mística é algo que existe em todas as culturas e povos, no passado, no presente e, com certeza, no futuro: o sentimento de amor. Somos todos abertos a ele, ainda que em um curto período de nossas vidas ou centrados numa só pessoa. Amar é, como a mística, uma forma de projetar a consciência acima da razão, ver as coisas por uma ótica translúcida, deixar-se mover por uma força de atração, aspirar à união. São múltiplas as reações da pessoa tomada pelo sentimento amoroso: júbilo, alheamento diante do cotidiano, tremores, palpitações, desprendimento de si, sonhos, coragem para o risco. Uma avalanche que derrete em lavas o coração, provoca ânsias de fazer poesia, escrever cartas, falar horas ao telefone, digitar mensagens no computador. A energia precisa, de algum modo, manifestar-se, exteriorizar-se. Assim ocorre com quem faz a experiência mística: o sopro do Espírito o impele para dentro e para fora de si, e há em seu semblante uma luz que nos desafia.

III

Ocupamos, em abril, o chalé Aconchego, da pousada Fonte das Hortênsias, no município paulista de Santo Antônio do Pinhal. O clima, frio à noite e ameno durante o dia, fazia bem à saúde debilitada de Noé. Caminhávamos entre canteiros de flores ou passeávamos pela estrada, até poder contemplar a cachoeira que verte seu lençol d'água numa pequena lagoa, na qual Noé e eu nos atiramos com uma alegria de criança.

À noite, fomos à festa de são Benedito, na igreja consagrada ao santo padroeiro dos negros. Havia uma animada quermesse. Noé fez questão de tentar a sorte na pescaria de prendas. Ganhou um jogo de dominó que, nos dias seguintes, nos distraiu após o caldo quente que a pousada oferecia aos hóspedes.

— Não confunda universal com idêntico — advertiu-me ele ao café da manhã. — Os sentimentos amorosos dependem do contexto em que se vive e da cultura que se respira. Ele não é o mesmo para agricultores e executivos de uma grande metrópole. Eram mais intensos na época das serenatas. Agora parecem banalizados pela fragilidade dos vínculos matrimoniais e a facilidade com que se mantêm relações sexuais. O sentimento amoroso ainda não é o amor. É a ideia do tapete a ser bordado. Tecer o tapete é forjar o amor. Por isso, com frequência, o sentimento amoroso é efêmero. Um relâmpago que corta os céus ou um tremor de terra que desloca todas as nossas coisas do lugar. Ainda que rápido e inesperado, pode marcar toda uma vida. Ou, ao contrário, não passar de uma atração fugaz, que não se grava nem na memória da mente, nem na lembrança do coração. Os próprios místicos fazem essa analogia entre relação de amor com Deus e experiência amorosa entre os seres humanos.

— Mas, o que é um místico? — perguntei.

— É toda pessoa cuja vida está centrada nessa relação amorosa com o Transcendente.

— Isso é raro — opinei.

— De modo algum — rebateu Noé. — Raros são esses fenômenos que, equivocadamente, são tidos como sintomas de autêntico misticismo: levitação, ubiquidade, chagas, jejuns prolongados... Não se pode tomar como parâmetro de amor a relação entre Romeu e Julieta ou Abelardo e Heloísa. Há infinitas experiências amorosas intensas, porém discretas. Como há, inclusive nos dias de hoje, místicos e místicas anônimos, que vivem em união com Deus sem nenhum fenômeno excepcional ou sinal exterior que denuncie a profundidade dessa relação.

— E como se chega à experiência mística?

— Não se pode suscitá-la de um momento ao outro. Não é algo que brota do desejo, da vontade ou da mente. Supõe um caminho, simbolizado no Caminho de Santiago de Compostela, na subida do monte Carmelo, na entrada das Moradas Interiores. Ela depende, em primeiro lugar, da graça de Deus e da nossa abertura. Este é o caminho. Deixar a graça penetrar e operar no coração e na mente. O que implica disposição amorosa, humildade, tolerância, bem como fazer refluir os sentidos e não dar à razão mais importância do que ela merece. Súbito, a experiência mística irrompe. Como expressão de algo mais profundo: o amor que nos une a Deus. É como um vulcão reativado. O calor está lá dentro, mas só de tempos em tempos se manifesta para fora. Essa manifestação dura pouco. Como um jato d'água ou uma brisa suave, não é algo que se possa reter com as mãos ou com a mente. Prova-se. Mergulha-se em outro estado de consciência. A intuição dilata-se, impelida pelo sopro divino. Aquele Outro que nos habita desperta e torna a sua presença sensível ao nosso espírito. É o que os místicos chamam de "iluminação". Algo que emerge do mais profundo do nosso ser. Como se o inconsciente transbordasse no estreito limite do consciente. Similar ao que se passa quando sonhamos. A energia reprimida no inconsciente transfere-se para o consciente por meio de imagens.

— Trata-se, pois, de um fenômeno psíquico? — indaguei.

— Seria equivocado reduzir a experiência mística à mera irrupção do inconsciente. Ela não é como sonhar acordado. Dá-se num nível mais profundo do nosso ser, lá onde todo o real adquire consistência.

— E o que se sente? Medo? Alegria?

— Uma sensação de aconchego e ânimo. De profunda serenidade interior e entusiasmo nas atitudes. E os frutos dessa experiência só se colhem posteriormente.

— Experiência mística e experiência de fé são a mesma coisa?

— São semelhantes, mas não se identificam. Pode-se fazer a experiência mística sem ter fé. É o caso dos budistas. Pode-se vivenciar a fé sem jamais saborear a graça da experiência mística. Quando as duas coincidem, a pessoa sente mais vivamente a presença de Deus em sua vida. Sua oração pessoal adquire o mesmo tom de intimidade e confiança de uma conversa com o seu melhor amigo. É a fé encarnada, a fé de Jó, que não crê "por ouvir dizer", mas por experimentar. Ocorre que o místico não bebe suas convicções apenas na doutrina da Igreja. Bebe-as também em um conhecimento íntimo, imediato, entre o real que irrompe e a sua experiência pessoal, uma silenciosa e terna empatia, sem palavras e representações, doutrinas ou ideias. É isso que os místicos qualificam de união, núpcias, comunhão, fusão. Dilui-se nessa experiência a consciência do eu isolado. O nosso interior transparece no exterior, o nosso exterior reflete-se no interior.

— Mas trata-se, de qualquer modo, de uma experiência religiosa?

— Sim, toda experiência mística é também religiosa, religa-nos à Fonte, mas a recíproca não é verdadeira. Nem toda experiência religiosa é mística. Há certos conteúdos de fé — Deus que castiga, medo do inferno, submissão à autoridade etc. — que transformam a experiência religiosa em um dever. A experiência mística, ao contrário, é um prazer, um imenso prazer. É a experiência do amor, expressão mais radical do desejo.

— Mística e ciência se opõem?

— De modo algum. São duas atitudes distintas perante a realidade. A ciência procura explicá-la. A mística, penetrá-la. As duas devem se complementar. A mística não deve invadir os limites da ciência e declarar, por exemplo, que toda realidade é uma ilusão. Nem a ciência pode pretender desvendar o fundamento mesmo do real — o amor.

— Como o senhor definiria, em poucas palavras, as características da experiência mística?

— Ela não é duradoura, é breve, imediata, indefinível, inapreensível pela cabeça e, no entanto, marca como fogo e revoluciona radicalmente a nossa vida. Nela desaparece a consciência do tempo que se estende do passado ao futuro. Perde-se a ansiedade. É uma consciência de momentânea eternidade. Uma experiência total, que tudo engloba — sentimentos, imaginação, razão, vontade etc.

— A mística nega os sentidos?

— De modo algum. O misticismo concerne ao espírito e ao corpo. Os sentidos estão muito presentes, como na mística que alimenta a visão através de pinturas e imagens; o odor, através de cheiros, como o do incenso; a audição, através da música ou da batida de instrumentos de percussão; o corpo, através de gestos rituais, peregrinações, reverências etc. Teresa de Ávila comparava a oração interior a um bálsamo perfumado, na linha do *Cântico dos cânticos*: "O odor dos teus perfumes é suave, teu nome é como um óleo escorrendo" (1,3).

— Quer dizer que o místico "sente" alguma coisa?

— Um símbolo muito usado pelos místicos é o toque. Sentem-se tocados por Deus. Em *Chama viva de amor*, João da Cruz exclama: "Oh doce mão! Oh toque leve e delicado, com sabor de vida eterna". Hoje já não adotaríamos a mesma linguagem. Como observou Roland

Barthes, a linguagem do santo carmelita era própria do amor barroco espanhol, oriunda dos trovadores que cantavam o amor cortês. A experiência mística situa-se mais na esfera da emoção que na da razão. Desenha-se em imagens sugestivas — montanhas e abismos, noites e núpcias, fogo e chamas. Imagens que traduzem uma realidade divina tão intensa que quase suprime a consciência do eu. O místico passa a gravitar em torno de um eixo que está nele e fora dele, no qual ele se centra e descentra. Em algum lugar do seu ser o místico sabe-se unido ao Invisível.

— Há quem considere os místicos pessoas frustradas, que sublimam sua libido nas coisas do céu.

— Essa ideia talvez resulte da falta de uma linguagem amorosa adequada aos dias de hoje. Supõe-se que a mística concerna apenas ao espírito, e não ao corpo. Exclui-se todo o aspecto físico ou profano. Ora, a mística envolve o ser humano completo: suas paixões, desejos e ânsias de amar. Por isso, sempre toma emprestada, da relação amorosa, a linguagem adequada a se expressar. Bernardo de Claraval refere-se à "mística conjugal". Hadewijch escreve: "Eles se possuem um ao outro em prazer recíproco, boca a boca, e coração a coração, corpo a corpo, almas unidas..." (*Carta* 9). Essa linguagem amorosa, predominante na mística cristã entre o século XII e a época barroca, é também encontrada entre os sufistas muçulmanos.

— Sexo é incompatível com a experiência mística?

— Na maioria das tradições religiosas, sexualidade e sacralidade estão associadas. Em *Zohar*, de Moisés de León, a principal obra da mística judaica, está: "Quando um homem está em intimidade com sua mulher, um desejo de colunas eternas os envolve como uma brisa". Na teologia católica, o casamento só se consuma pelo ato sexual e é considerado um sacramento. No tantrismo, o ato sexual é a união mais profunda com O Último. Fílon de Alexandria, contemporâneo de Jesus, narrou suas experiências místicas, nas quais se refere à "embriaguez mística". E observava que essa embriaguez nada tinha a ver com a provocada pelo vinho: é "mais sóbria que a própria sobriedade" e dilata as potencialidades do espírito. Cinco séculos depois, Agostinho falaria dessa "embriaguez sóbria". Após uma crise existencial, concluíra não encontrar repouso para o seu espírito "senão em Ti", pois "a verdade não mora senão no mais profundo do ser humano" (*Da verdadeira religião*). Agostinho dava muita importância ao "olho do coração". Chegou a declarar que podia respirar, sentir, entender, degustar e ver Deus. Hadewijch descreveu sua união com Deus: "Ele me tomou inteira em seus braços e me apertou contra ele, e todos os meus membros sentiram os seus" (*Visões de Van Hadewijch*). As linguagens da mística e do amor se confundem, tecidas de símbolos, representações, metáforas e analogias.

— Essas visões procederiam mesmo de Deus?

— Teresa se colocou a questão e cunhou uma resposta sábia: conhece-se a procedência pelos efeitos. Se levam ao amor, são obras de Deus.

— É possível conciliar mística e conflituosidade política?

— Sim, Gandhi e Dag Hammarskjöld lograram fazê-lo. Este último foi secretário-geral da ONU. Era um místico da ação. Nunca falou de suas experiências. Temos conhecimento delas por seu diário, encontrado após a sua morte: "Ser a luz ou na luz, vazio do eu, a ponto de deixar resplandecer a luz, de modo que ela possa ser concentrada e propagada [...] Em nossa época, a via da santidade passa necessariamente pelo mundo da ação". Ionesco tentou, mas acabou optando por abandonar a via mística. Artistas como Van Gogh e Nicolas de Staël foram místicos. Freud qualificou o mergulho na mística de "experiência oceânica", que rompe os limites da consciência e impregna o místico de um sentimento voluptuoso de comunhão.

— Isso deve ser ótimo! — exclamei.

— Ora, a mística não assegura a ninguém uma vida de alegria e paz duradouras. Não se trata de fazer dela um capricho do egoísmo. Nem funciona como um seguro-saúde. Teresa de Ávila queixava-se constantemente de ouvir ruídos na cabeça. Mechtilde van Hackeborn padecia de dores de cabeça. Francisco de Assis tinha chagas nas mãos. A maioria dos místicos conhecidos não viveu longos anos. São exceções Hildegarda von Bingen, que chegou aos 81 anos de idade; Ruusbroec, aos 88; e Tomás de Kempis, 91. Catarina de Sena faleceu aos 33; Francisco de Assis, aos 44; Hugo de são Vitor, aos 45; e João da Cruz e Jacó Böhme, aos 49. Hildegarda ironizava: "Deus não tem por hábito escolher um corpo robusto e sadio por morada".

— Todos os autores de obras sobre mística foram místicos?

— Uma coisa é certa: todos os fundadores de religiões foram místicos. Da experiência do Transcendente nasce a linguagem, os ritos, a doutrina que configuram uma religião. Bergson afirmava que "a religião é a cristalização, operada por um resfriamento intelectual, do que a mística deposita, incandescente, na alma da humanidade". Em outras palavras, Bergson dizia que a religião está para a mística como a vulgarização para a ciência. Mas há diferença entre ser místico e interessar-se pela mística. Há milhões de brasileiros interessados em futebol. Poucos são jogadores. Há inúmeras pessoas sensíveis à arte, mas nem todas são artistas. O místico penetra intuitivamente a Realidade última. Ele possui o conhecimento experimental do sagrado. É o sujeito, por excelência, da religião a que pertence. Toca com o espírito o cerne do real. Contudo, artistas e místicos se parecem muito por se permitirem viver em outro estado de consciência. É curioso constatar como certos místicos foram grandes artistas: Mestre Eckhart é um dos fundadores do idioma alemão; os místicos Hadewijch e Ruusbroec destacam-se na tradição literária flamenga; Teresa de Ávila é uma das mais famosas escritoras espanholas, pioneira no gênero autobiográfico; João da Cruz é o patrono oficial dos poetas da Espanha; Thomas Merton era um pintor de talento e um escritor de qualidade. Podemos incluir entre os místicos artistas como Fra Angelico, Marc Chagall, Mondrian e Van Gogh. Místicos e artistas procuram dar forma, sentido, ao caos ou à dimensão caótica da realidade. Cézanne retornou vinte vezes à montanha de Santa Vitória. Mondrian desenhou e pintou, repetidamente, a mesma árvore. Ruusbroec exprimiu em onze tratados, em fluxo verbal ininterrupto, a mesma intuição!

— Como se iniciar na experiência mística?

— Quem pretende fazê-la deve ter uma certa empatia com os místicos ou ser guiado por um mestre, um diretor espiritual, um guru. Difícil é encontrar um guia sábio que não queira criar vínculos de dependência entre seus discípulos e ele, e que saiba acompanhar o discípulo por um caminho que não é o da sua preferência. A pior ditadura é a do espírito.

IV

Em maio, fomos ao Hotel Fazenda da Serra, em Itatiaia. Fazia sol. Subimos a montanha, em busca de um lugar aprazível e silencioso em que pudéssemos orar.

— A experiência mística é sempre idêntica? — perguntei a frei Noé.

— Sim, embora se expresse de modo diferente a cada vez que se manifesta na mesma pessoa ou de pessoa a pessoa — disse ele, retendo os passos para tomar fôlego. — A linguagem é que muda, pois é um balbuciar de quem tenta dizer o indizível. É como a linguagem do amor. Não cabe nos parâmetros da lógica. Ultrapassa regras e convenções. Aproxima-se da linguagem dos loucos ou das crianças. Aliás, João da Cruz inspirou-se em canções de amor populares para compor seus poemas místicos.

— Quer dizer que o silêncio é próprio da sabedoria mística?

— Após haver escrito a obra mais consistente da Idade Média, a *Suma teológica*, Tomás de Aquino admitiu, após uma experiência mística: "O que vi me faz parecer insignificante o que escrevi e pensei". A partir de então, recolheu-se ao silêncio, deixando a *Suma* inacabada. É o que os teólogos chamam de "teologia negativa", e um místico inglês anônimo qualifica de via "do não saber". Em torno do ano 500, apareceu uma obra clássica da teologia negativa, *A teologia mística*, escrita por Dionísio, o Aeropagita. Eis como o Pseudo-Dionísio define, pela via negativa, a mística: "É a obscuridade que eclipsa toda claridade pela intensidade de sua sombra". Para o *Livro dos mortos tibetanos*, "é a luz vazia do vazio". Segundo Lao-Tsé, no *Tao te ching*, "aqueles que dizem não sabem e aqueles que sabem não dizem". Meu filho — concluiu frei Noé, retomando a caminhada —, a mística é um paradoxo.

— Em que a mística budista difere da cristã?

— A budista cala o nome de Deus. É o silêncio. Trata-se de uma mística não teísta. Buda utiliza a expressão "fora dos limites do pensamento lógico". Ele não fala de Deus em si, mas dos frutos que sua experiência apreende na intimidade com o Transcendente. Essa diferença de linguagem na mística deve-se à diversidade de culturas. Há uma mística ocidental, como há uma oriental. Há a indiana, a italiana, a renana, a franciscana, a dominicana... Há a teologal e a artística, a extática e a de interiorização, a de contemplação e a de ação, a intimista e a dialógica.

— Quer dizer que a mística das tradições orientais difere da cristã?

— Numa distinção meramente didática, pode-se afirmar que o hinduísmo e o budismo são tradições "místicas", enquanto o cristianismo e o islamismo são, como sua matriz hebraica, proféticas. A espiritualidade "mística" ignora a sociedade na qual se insere, enquanto a profética valoriza a pessoa, o mundo e a história. A primeira vive uma relação a-histórica com o Transcendente; a segunda contextualiza historicamente a relação com Deus. A "mística" dilui o conceito de Deus em uma unidade indiferenciada; a profética reconhece um Deus pessoal. A primeira favorece a fuga do mundo; a segunda, a transformação do mundo. A primeira reveste-se de um espírito monacal, que aceita tudo como expressão da vontade divina; a segunda reveste-se de espírito profético, discernindo o justo do injusto. A "mística" é passiva, contemplativa; a profética é ativa, evangelizadora. Para a primeira, a salvação é concebida como a fusão do indivíduo no Absoluto; para a segunda, a salvação é escatológica, consuma a libertação das pessoas e do mundo.

— Podemos falar em estímulos místicos?

— Sim, e variam de pessoa a pessoa. Pode ser uma celebração

litúrgica, a música de Bach, a contemplação da natureza ou de uma pintura, as palavras do guru, a figura de Jesus, Maria, Buda ou Krishna. O místico Ruusbroec sentia-se tocado pela Trindade; Hadewijch por Jesus. "Reconheço Deus nas ervas e nas plantas", dizia Jacob Böhme. Francisco de Assis, no *Cântico ao Sol*, batizou de "irmãos" todos os elementos da natureza. Teilhard de Chardin vislumbrava a presença divina na evolução do Universo. Em 1911, fez sua primeira experiência da diafania de Deus no Cosmo. Cinco anos depois, a experiência repetiu-se, agora centrada em Cristo. Em 1933, Universo e Criador fundiram-se em sua visão e, motivado pela mística de são Paulo, ele chegou ao Cristo cósmico. A mística zen japonesa estimula atividades culturais e artísticas, com o objetivo de criar um clima favorável à experiência mística: a arte do arqueiro, a cerimônia do chá, a pintura, a linguagem paradoxal de seus axiomas, o *zazen* no cotidiano, o cuidado do jardim etc. Há estímulos e vivências inesperados que mudam radicalmente uma vida, como ocorreu com Teresa de Ávila após uma enfermidade que quase a matou. Ou o encontro de Francisco de Assis com um hanseniano e, bem mais tarde, de Gandhi com um pária na plataforma de uma estação ferroviária, na África do Sul.

— Todas as confissões cristãs aceitam a experiência mística?

— No início do século xx, o barão von Hügel escreveu que toda religião é o resultado da tensão de três fatores: a especulação racional ou o fator teológico/doutrinal, a instituição comunitária e social, e o impulso místico. Embora as religiões procurem equilibrar harmonicamente os três fatores, a tendência é um ou dois predominarem, reduzindo o espaço do(s) outro(s). No ramo do protestantismo, alguns teólogos liberais, como A. Ritschl e A. Harnack, rejeitavam a experiência mística como uma característica do paganismo grego, pois o acento na experiência intimista de união com Deus seria incompatível com a mensagem evangélica de redenção pela fé na Palavra anunciada pela Igreja. Encaravam a mística como uma metafísica neoplatônica, panteísta, tendente a autodivinizar o fiel, o que seria incompatível com a revelação de um Deus pessoal na história. Para

Harnack, a mística era um típico desvio da espiritualidade católica. Já Karl Barth, que bem representa a teologia dialética, considerava a mística um esforço humano condenado ao fracasso diante da revelação absolutamente precedente de Deus, dirigida ao homem por um único caminho: Jesus de Nazaré. No entanto, outros importantes teólogos protestantes, como R. Otto, E. Troeltsch e Albert Schweitzer, encararam a mística como um fenômeno religioso positivo, inclusive no cristianismo.

v

Em junho, Noé e eu caminhávamos pelas ruas de Buenos Aires. Ele enfatizava:

— A experiência mística influi profundamente em nossa vida. Muda o caráter de uma pessoa. Experimentar o Amor resulta em atitudes mais amorosas para com os outros. Isso não significa fraqueza de caráter, tolerância excessiva ou conivência com equívocos. A partir do século XVII, reforça-se na França que não se deve falar de mística, mas praticá-la, comprová-la pelo ato de amor. É o caso de são Vicente de Paulo (1581-660) com os marginalizados. Tive como modelo outro místico francês, Francisco de Sales (1567-622).

— O místico separa corpo e espírito?

— Não, ele os integra, inclusive na dança. A dança cria uma atmosfera favorável, como no candomblé e no santo Daime. No século XIII, os dervixes de Mevlevi dançavam. No mesmo século, Matilde von Magdebourg escreveu:

> *Se quereis me ver dançar e pular,*
> *deveis vós mesmos cantar, Deus, bem-amado,*
> *a fim de que eu salte para o vosso amor,*
> *do vosso amor à compreensão,*
> *da compreensão ao prazer.*

— Ruusbroec contou que na época de Matilde dançava-se muito nos conventos. Uma dança extática, como a dos adeptos do Hare Krishna, acompanhada de gritos de alegria, risos e compasso marcado com o bater das mãos. Tais fenômenos ocorrem de acordo com o temperamento da pessoa e o espírito do tempo.

— Em que a linguagem mística difere das outras?

— A linguagem mística é visceralmente poética. A diferença é que o poeta não importa, importa o poema, enquanto a expressão do místico é o reflexo de seu mistério ontológico. Ao contrário do teólogo, o místico fala por vias transversas. Seu discurso tece-se em hipérboles e exclamações, antíteses e paradoxos, negações, metáforas e gemidos. Diz pelo não dizer, afirma ao negar, proclama ao encobrir, revela ao velar. Nele, a linguagem atinge os seus limites. Não satisfeito, ele a subverte, até mergulhar no fracasso... Sua pátria é o silêncio, a nuvem do não saber, a luz que cega por tanto brilho, a noite que faz arder o coração em chamas vivas de amor. Só o místico é senhor da liberdade de falar de Deus como a amada fala do amado, resgatando a linguagem infantil da ternura, as imagens pueris do carinho, as interjeições que abreviam em suspiros o que sentimentos e emoções não logram expressar, mas desbordam na singeleza de um olhar, um traço, um gesto, uma exclamação. Em sua profusão de superlativos, a linguagem mística transgride a sintaxe. João da Cruz prima pelas antíteses: "cautério suave", "chaga delicada", "música calada". São Gregório de Nisa falava em "sóbria ebridade", "treva luminosa", "sonho vigilante" etc. A linguagem mística esbarra nas fronteiras da linguagem.

— O que sente o místico?

— Ao esvaziar a mente de imagens e fazer refluir o pensamento discursivo, ele supera a tensão sujeito-objeto. Sua mente esvazia-se da distinção sujeito-objeto, tão presente na experiência cotidiana. Ele se sente, simplesmente, enamorado, apaixonadamente enamorado.

Referências bibliográficas

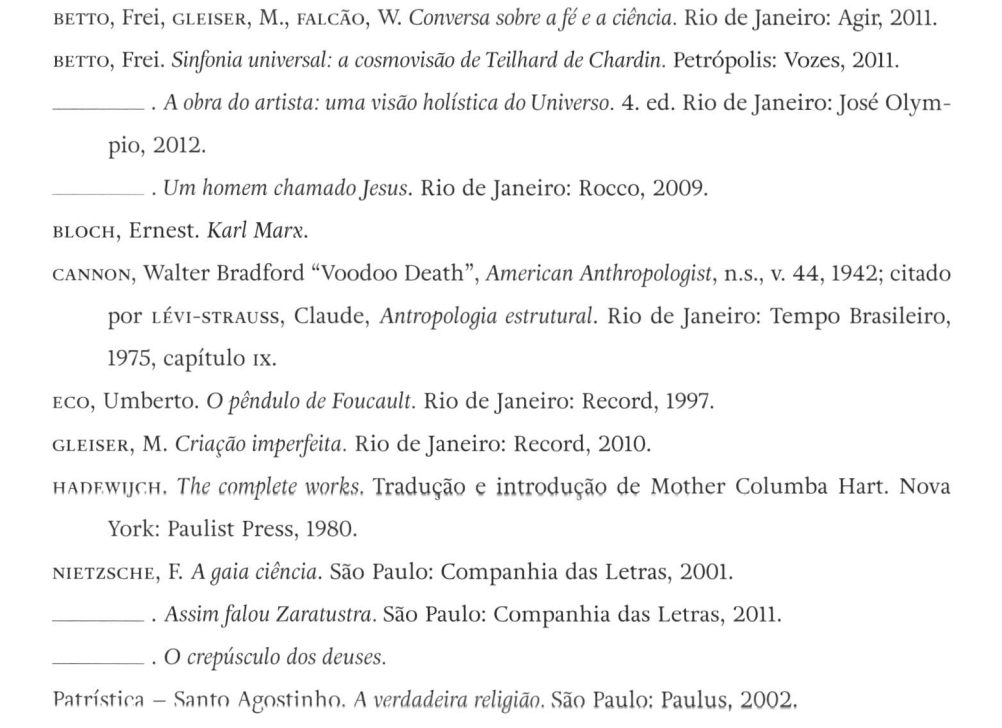

BETTO, Frei, GLEISER, M., FALCÃO, W. *Conversa sobre a fé e a ciência*. Rio de Janeiro: Agir, 2011.

BETTO, Frei. *Sinfonia universal: a cosmovisão de Teilhard de Chardin*. Petrópolis: Vozes, 2011.

_____. *A obra do artista: uma visão holística do Universo*. 4. ed. Rio de Janeiro: José Olympio, 2012.

_____. *Um homem chamado Jesus*. Rio de Janeiro: Rocco, 2009.

BLOCH, Ernest. *Karl Marx*.

CANNON, Walter Bradford "Voodoo Death", *American Anthropologist*, n.s., v. 44, 1942; citado por LÉVI-STRAUSS, Claude, *Antropologia estrutural*. Rio de Janeiro: Tempo Brasileiro, 1975, capítulo IX.

ECO, Umberto. *O pêndulo de Foucault*. Rio de Janeiro: Record, 1997.

GLEISER, M. *Criação imperfeita*. Rio de Janeiro: Record, 2010.

HADEWIJCH. *The complete works*. Tradução e introdução de Mother Columba Hart. Nova York: Paulist Press, 1980.

NIETZSCHE, F. *A gaia ciência*. São Paulo: Companhia das Letras, 2001.

_____. *Assim falou Zaratustra*. São Paulo: Companhia das Letras, 2011.

_____. *O crepúsculo dos deuses*.

Patrística – Santo Agostinho. *A verdadeira religião*. São Paulo: Paulus, 2002.

Bibliografia de Frei Betto

EDIÇÕES NACIONAIS:

1 — *Cartas da prisão: 1969-1973*. Rio de Janeiro: Agir, 2008. Essas cartas foram publicadas anteriormente em duas obras: *Cartas da prisão* e *das catacumbas* (Rio de Janeiro: Editora Civilização Brasileira) e *Cartas da prisão* (editada em 1974, teve a 6. ed. lançada em 1976).

2 — *Das catacumbas*. Rio de Janeiro: Civilização Brasileira, 1976.

3 — *Oração na ação*. Rio de Janeiro: Civilização Brasileira, 1977.

4 — *Natal, a ameaça de um menino pobre*. Petrópolis: Vozes, 1978.

5 — *A semente e o fruto, Igreja e Comunidade*. Petrópolis: Vozes, 1981.

6 — *Diário de Puebla*. Rio de Janeiro: Civilização Brasileira, 1979.

7 — *A vida suspeita do subversivo Raul Parelo* (contos). Rio de Janeiro: Civilização Brasileira, 1979. Reeditado sob o título *O aquário negro*. Rio de Janeiro: Difel, 1986. Em 2009, foi lançada nova edição revista e ampliada pela Editora Agir (Rio de Janeiro).

8 — *Puebla para o povo*. Petrópolis: Vozes, 1979.

9 — *Nicarágua livre, o primeiro passo*. Rio de Janeiro: Civilização Brasileira, 1980.

10 — *O que é comunidade eclesial de base*. 5. ed. São Paulo: Brasiliense, 1985.

11 — *O fermento na massa*. Petrópolis: Vozes, 1981.

12 — *CEBs, rumo à nova sociedade*. 2. ed. São Paulo: Paulinas, 1983.

13 — *Fogãozinho, culinária em histórias infantis* (com receitas de Maria Stella Libanio

Christo). Rio de Janeiro: Nova Fronteira, 1984. (3. ed. 1985. Nova edição: São Paulo: Mercuryo Jovem, 2002. 7. ed.)

14 — *Fidel e a religião*: Conversas com Frei Betto. São Paulo: Brasiliense, 1985.

15 — *Batismo de sangue*: Os dominicanos e a morte de Carlos Marighella. Rio de Janeiro: Civilização Brasileira, 1982. Em 2006, foi lançada a 14. ed. rev. e ampl., pela Editora Rocco.

16 — *OSPB. Introdução à política brasileira*. São Paulo: Ática, 1985.

17 — *O dia de Angelo* (romance). São Paulo: Brasiliense, 1987.

18 — *Cristianismo & marxismo*. Petrópolis: Vozes, 1988.

19 — *A proposta de Jesus*. São Paulo: Ática, 1989. (Catecismo Popular, v. I).

20 — *A comunidade de fé*. São Paulo: Ática, 1989. (Catecismo Popular, v. II).

21 — *Militantes do reino*. São Paulo: Ática, 1990. (Catecismo Popular, v. III).

22 — *Viver em comunhão de amor*. São Paulo: Ática, 1990. (Catecismo Popular, v. IV).

23 — *Catecismo popular*. Versão condensada. São Paulo: Ática, 1992.

24 — *Lula: biografia política de um operário*. São Paulo: Estação Liberdade, 1989. (8. ed. 1989). *Lula: um operário na presidência*. Ed. rev. e atual. São Paulo: Casa Amarela, 2003.

25 — *A menina e o elefante* (infantojuvenil). São Paulo: FTD, 1990. (6. ed. 1992). Em 2003, foi lançada nova edição revista pela Editora Mercuryo Jovem (São Paulo, 3. ed.).

26 — *Fome de pão e de beleza*. São Paulo: Siciliano, 1990.

27 — *Uala, o amor* (infantojuvenil). São Paulo: FTD, 1991.

28 — *Sinfonia universal*: A cosmovisão de Teilhard de Chardin. 5. ed. rev. e ampl. São Paulo: Ática, 1997. Rio de Janeiro: Vozes, 2011.

29 — *Alucinado som de tuba* (romance). São Paulo: Ática, 1993.

30 — *Por que eleger Lula presidente da República* (Cartilha Popular). São Bernardo do Campo: FG, 1994.

31 — *O paraíso perdido*: Nos bastidores do socialismo. São Paulo: Geração, 1993.

32 — *Cotidiano & mistério*. São Paulo: Olho d'Água, 1996.

33 — *A obra do artista*: Uma visão holística do Universo. São Paulo: Ática, 1995. Em 2011, nova edição revista foi lançada pela Editora José Olympio.

34 — *Comer como um frade*: divinas receitas para quem sabe por que temos um céu na boca. Rio de Janeiro: Francisco Alves, 1996 (2. ed. 1997). Em 2003, foi lançada nova ed. rev. e ampl. pela Editora José Olympio, Rio de Janeiro.

35 — *O vencedor* (romance). São Paulo: Ática, 1996.

36 — *Entre todos os homens* (romance). São Paulo: Ática, 1997 (8. ed. 2008). Na edição atualizada, ganhou o título *Um homem chamado Jesus*. Rio de Janeiro: Rocco, 2009.

37 — *Talita abre a porta dos evangelhos*. São Paulo: Moderna, 1998.

38 — *A noite em que Jesus nasceu*. Petrópolis: Vozes, 1998.

39 — *Hotel Brasil* (romance policial). São Paulo: Ática, 1999 (2. ed. 1999). Rio de Janeiro: Rocco, 2010.

40 — *A mula de Balaão*. São Paulo: Salesiana, 2001.

41 — *Os dois irmãos*. São Paulo: Salesiana, 2001.

42 — *A mulher samaritana*. São Paulo: Salesiana, 2001.

43 — *Alfabetto: autobiografia escolar*. 4. ed. São Paulo: Ática, 2002.

44 — *Gosto de uva: textos selecionados*. Rio de Janeiro: Garamond, 2003.

45 — *Típicos tipos: coletânea de perfis literários*. São Paulo: A Girafa, 2004.

46 — *Saborosa viagem pelo Brasil: Limonada e sua turma em histórias e receitas a bordo do Fogãozinho*. Com receitas de Maria Stella Libanio Christo. São Paulo: Mercuryo Jovem, 2004.

47 — *Treze contos diabólicos e um angélico*. São Paulo: Planeta, 2005.

48 — *A mosca azul: Reflexão sobre o poder*. Rio de Janeiro: Rocco, 2006.

49 — *Calendário do poder*. Rio de Janeiro: Rocco, 2007.

50 — *A arte de semear estrelas*. Rio de Janeiro: Rocco, 2007.

51 — *Diário de Fernando: Nos cárceres da ditadura militar brasileira*. Rio de Janeiro: Rocco, 2009.

52 — *Maricota e o mundo das letras*. São Paulo: Mercuryo Jovem; Novo Tempo, 2009.

53 — *Minas do ouro*. Rio de Janeiro: Rocco, 2011.

54 — *Começo, meio e fim*. (infantojuvenil) Rio de Janeiro: Rocco, no prelo.

55 — *Aldeia do silêncio*. Rio de Janeiro: Rocco, 2013.

56 — *O que a vida me ensinou*. São Paulo: Saraiva, 2013.

57 — *Arte de reinventar a vida*. Rio de Janeiro: Vozes, no prelo.

EM COAUTORIA

1 — *Ensaios de complexidade*. Com Edgar Morin, Leonardo Boff e outros. Porto Alegre: Sulina, 1977.

2 — *O povo e o papa: Balanço crítico da visita de João Paulo II ao Brasil*. Com Leonardo Boff e outros. Rio de Janeiro: Civilização Brasileira, 1980.

3 — *Desemprego: Causas e consequências*. Com dom Cláudio Hummes, Paulo Singer e Luiz Inácio Lula da Silva. São Paulo: Paulinas, 1984.

4 — *Comunicación popular y alternativa*. Com Regina Festa e outros. Buenos Aires: Paulinas, 1986.

5 — *Sinal de contradição*. Em parceria com Afonso Borges Filho. Rio de Janeiro: Espaço e Tempo, 1988.

6 — *Essa escola chamada vida*. Em parceria com Paulo Freire e Ricardo Kotscho. São Paulo: Ática, 1988.

7 — *Teresa de Jesus: Filha da Igreja, filha do Carmelo*. Com frei Cláudio van Belen, frei Paulo Gollarte, frei Patrício Sciadini e outros. São Paulo: Instituto de Espiritualidade Tito Brandsma, 1989.

8 — *O plebiscito de 1993: Monarquia ou república? Parlamentarismo ou presidencialismo?* Em parceria com Paulo Vannuchi. Rio de Janeiro: Iser, 1993.

9 — *Mística e espiritualidade*. Em parceria com Leonardo Boff. Rio de Janeiro: Rocco, 1994. Rio de Janeiro: Vozes, 2009.

10 — *Mística y espiritualidad*. Com Leonardo Boff. Buenos Aires: Cedepo, 1995. Cittadella Editrice, Itália, 1995.

11 — *Palabras desde Brasil*. Com Paulo Freire e Carlos Rodrigues Brandão. Havana: Caminos, 1996.

12 — *A reforma agrária e a luta do MST*. Com outros autores. Petrópolis: Vozes, 1997.

13 — *O desafio ético*. Com Eugenio Bucci, Luis Fernando Veríssimo, Jurandir Freire Costa e outros. Rio de Janeiro: Garamond; Brasília: Codeplan, 1997. (4. ed.)

14 — *Carlos Marighella: O homem por trás do mito* (coletânea de artigos organizada por Cristiane Nova e Jorge Nóvoa). São Paulo: Editora Unesp, 1999.

15 — *Hablar de Cuba, hablar del Che*. Com Leonardo Boff. Havana: Caminos, 1999.

16 — *Sete pecados do capital*. In: SADER, Emir (Org.). Rio de Janeiro: Record, 1999.

17 — *Nossa paixão era inventar um novo tempo: 34 depoimentos de personalidades sobre a resistência à ditadura militar*. In: SOUZA, Daniel; CHAVES, Gilmar (Org.). Rio de Janeiro: Rosa dos Tempos, 1999.

18 — *Valores de uma prática militante*. Em parceria com Leonardo Boff e Ademar Bogo. São Paulo: Consulta Popular, Cartilha n. 9, 2000.

19 — *Brasil 500 anos: Trajetórias, identidades e destinos*. Vitória da Conquista: Uesb (Série Aulas Magnas), 2000.

20 — *Quem está escrevendo o futuro? 25 textos para o século XXI*. In: ARAÚJO, Washington. Brasília: Letraviva, 2000.

21 — *Contraversões: Civilização ou barbárie na virada do século*. Em parceria com Emir Sader. São Paulo: Boitempo, 2000.

22 — *O indivíduo no socialismo*. Em parceria com Leandro Konder. São Paulo: Fundação Perseu Abramo, 2000.

23 — *O Decálogo* (contos). Em parceria com Carlos Nejar, Moacyr Scliar, Ivan Angelo, Luiz Vilela, José Roberto Torero e outros. São Paulo: Nova Alexandria, 2000.

24 — *As tarefas revolucionárias da juventude*. Reunindo também textos de Fidel Castro e Lênin. São Paulo: Expressão Popular, 2000.

25 — *Diálogos criativos*. Em parceria com Domenico de Masi e José Ernesto Bologna. São Paulo: DeLeitura, 2002.

26 — *Democracia e construção do público no pensamento educacional brasileiro*. Org. de Osmar Fávero e Giovanni Semeraro. Petrópolis: Vozes, 2002.

27 — *Por que nós, brasileiros, dizemos Não à Guerra*. Em parceria com Ana Maria Machado, Joel Birman, Ricardo Setti e outros. São Paulo: Planeta, 2003.

28 — *A paz como caminho*. Em parceria com José Hermógenes de Andrade, Pierre Weil, Jean-Yves Leloup, Leonardo Boff, Cristovam Buarque e outros. Coletânea de textos, organizados por Dulce Magalhães, apresentados no Festival Mundial da Paz. Rio de Janeiro: Quality Mark, 2006.

29 — *Lições de gramática para quem gosta de literatura*. Com Moacyr Scliar, Luis Fernando Veríssimo, Paulo Leminsky, Rachel de Queiroz, Ignácio de Loyola Brandão e outros. São Paulo: Panda Books, 2007.

30 — *Sobre a esperança: Diálogo*. Com Mario Sérgio Cortella. Campinas: Papirus, 2007.

31 — *40 olhares sobre os 40 anos da Pedagogia do oprimido*. Com Mário Sérgio Cortella, Sérgio Haddad, Leonardo Boff, Rubem Alves e outros. Editora e Livraria Instituto Paulo Freire, 2008.

32 — *Dom Cappio: Rio e povo*. Com Aziz Ab'Sáber, José Comblin, Leonardo Boff e outros. São Paulo: Centro de Estudos Bíblicos, 2008.

33 — *O amor fecunda o Universo: Ecologia e espiritualidade*. Com Marcelo Barros. Rio de Janeiro: Agir, 2009.

34 — *Oparapitinga rio São Francisco*. Fotos de José Caldas. Com Walter Firmo, Fernando Gabeira, Murilo Carvalho e outros. Rio de Janeiro: Casa da Palavra, 2002.

35 — *Conversa sobre a fé e a ciência*. Com Marcelo Gleiser. Rio de Janeiro: Agir, 2011.

36 — *El amor fecunda el Universo*. Com Marcelo Barros. Havana: Editorial Ciências Sociales, 2012.

37 — *Bartolomeu Campos de Queirós: Uma inquietude encantadora*. Com Ana Maria Machado, João Paulo Cunha, José Castello, Marina Colassanti, Carlos Herculano Lopes e outros. São Paulo: Moderna, 2012.

38 — *Belo Horizonte: 24 autores*. Com Affonso Romano de Sant'Anna, Fernando Brant, Jussara de Queiroz e outros. Belo Horizonte: Mazza.

EDIÇÕES ESTRANGEIRAS:

1 — *Dai soterranei della storia*. Milão: Arnoldo Mondadori, 1971.

2 — *Novena di San Domenico*. Brescia: Queriniana, 1974.

3 — *L'Église des prisons*. Paris: Desclée de Brouwer, 1972.

4 — *La Iglesia encarcelada*. Buenos Aires: Rafael Cedeño, 1973.

5 — *Brasilianische Passion*. Munique: Kösel, 1973.

6 — *Fangelsernas Kyrka*. Estocolmo: Gummessons, 1974.

7 — *Geboeid Kijk ik om mij heen*. Bélgica-Holanda: Gooi en sticht bvhilversum, 1974.

8 — *Creo desde la carcel*. Bilbao: Desclée de Brouwer, 1976.

9 — *Against Principalities and Powers*. Nova York: Orbis Books, 1977.

10 — *17 días en Puebla*. México: CRI, 1979.

11 — *Diario di Puebla*. Brescia: Queriniana, 1979.

12 — *Lettres de prison*. Paris: Du Cerf, 1980.

13 — *Lettere dalla prigione*. Bolonha: Dehoniane, 1980.

14 — *La preghiera nell'azione*. Bolonha: Dehoniane, 1980.

15 — *Que es la Teología de la Liberación?* Lima: Celadec, 1980.

16 — *Puebla para el pueblo*. México: Contraste, 1980.

17 — *Battesimo di sangue*. Bolonha: Asal, 1983.

18 — *Les Frères de Tito*. Paris: Du Cerf, 1984.

19 — *El acuario negro*. Havana: Casa de las Americas, 1986.

20 — *La pasión de Tito*. Caracas: Dominicos, 1987.

21 — *El día de Angelo*. Buenos Aires: Dialectica, 1987.

22 — *Il giorno di Angelo*. Bolonha: E.M.I., 1989.

23 — *Los 10 mandamientos de la relacion fe y política*. Cuenca: Cecca, 1989.

24 — *Diez mandamientos de la relación fe y política*. Panamá: Ceaspa, 1989.

25 — *De espaldas a la muerte: Dialogos con Frei Betto*. Guadalajara: Imdec, 1989.

26 — *Fidel y la religion*. Havana: Oficina de Publicaciones del Consejo de Estado, 1985. Até 1995, editado nos seguintes países: México, República Dominicana, Equador, Bolívia, Chile, Colômbia, Argentina, Portugal, Espanha, França, Holanda, Suíça (em alemão), Itália, Tchecoslováquia (em tcheco e inglês), Hungria, República Democrática da Alemanha, Iugoslávia, Polônia, Grécia, Filipinas, Índia (em dois idiomas), Sri Lanka, Vietnã, Egito, Estados Unidos, Austrália e Rússia. Há uma edição cubana em inglês. Ocean Press, Austrália, 2005.

27 — *Lula: Biografía política de un obrero*. Cidade do México: MCCLP, 1990.

28 — *A proposta de Jesus*. Gwangju (KOR): Work and Play, 1991.

29 — *Comunidade de fé*. Gwangju (KOR): Work and Play, 1991.

30 — *Militantes do reino*. Gwangju (KOR): Work and Play, 1991.

31 — *Viver em comunhão de amor*. Gwangju (KOR): Work and Play, 1991.

32 — *Het waanzinnige geluid van de tuba*. Baarn (NLD): Fontein, 1993.

33 — *Allucinante suono di tuba*. Celleno (ITA): La Piccola, 1993.

34 — *Uala Maitasuna*. Tafalla (ESP): Txalaparta, 1993.

35 — *Día de Angelo*. Tafalla (ESP): Txalaparta, 1993.

36 — *La musica nel cuore di un bambino* (romance). Milão: Sperling & Kupfer, 1998.

37 — *La obra del artista: Una visión holística del Universo*. Havana: Caminos, 1998. Nova edição foi lançada em 2010 pela Editorial Nuevo Milênio.

38 — *La obra del artista: Una visión holística del Universo*. Córdoba: Barbarroja, 1998.

39 — *La obra del artista: Una visión holística del Universo*. Madri: Trotta, 1999.

40 — *Un hombre llamado Jesus* (romance). Havana: Caminos, 1998.

41 — *Uomo fra gli uomini* (romance). Milão: Sperling & Kupfer, 1998.

42 — *Gli dei non hanno salvato l'America: Le sfide del nuovo pensiero político latino-americano*. Milão: Sperling & Kupfer, 2003.

43 — *Gosto de uva*. Milão: Sperling & Kupfer, 2003.

44 — *Hotel Brasil*. Éditions de l'Aube, França, 2004.

45 — *Non c'è progresso senza felicità*. Em parceria com Domenico de Masi e José Ernesto Bologna. Milão: Rizzoli-RCS, 2004.

46 — *Sabores y saberes de la vida: Escritos escogido*. Madri: PPC, 2004.

47 — *Dialogo su pedagogia, ética e partecipazione politica*. Em parceria com Luigi Ciotti. Turim: EGA, 2004.

48 — *Ten Eternal Questions*: Wisdom, Insight and Reflection for Life's Journey. Em parceria com Nelson Mandela, Bono, Dalai-Lama, Gore Vidal, Jack Nicholson e outros. Organizado por Zoë Sallis. Londres: Duncan Baird, 2005. Edição portuguesa pela Platano Editora, Lisboa, 2005.

49 — *50 cartas a Dios*. Em parceria com Pedro Casaldaliga, Federico Mayor Zaragoza e outros. Madri: PPC, 2005.

50 — *Hotel Brasi*: Cavallo di Ferro Editore, Roma, 2006.

51 — *El fogoncito*. Havana: Gente Nueva, 2007.

52 — *The Brazilian Short Story in the Late Twentieth Century: A Selection from Nineteen Authors*. Vancouver, The Edwin Mellen Press, 2009.

53 — *Un hombre llamado Jesus* (romance). Havana: Caminos, 2009.

54 — *La obra del artista*: Una visión holística del Universo. Havana: Editorial de Ciencias Sociales, 2009.

55 — *Increíble sonido de tuba*. Madri: SM, 2010.

56 — *Reflexiones y vivencias en torno a la educación*. Com outros autores. Madri: SM, 2010.

57 — *El ganhador*. Madri: SM, 2010.

58 — *La mosca azul: Reflexiones sobre el poder*. Austrália, Ocean Press, 2005.

59 — *Quell'uomo chiamato Gesù*. Bolonha: Editrice Missionária Italiana (EMI), 2011.

60 — *Maricota y el mundo de las letras*. Havana: Gente Nueva, 2012.

TIPOLOGIA Adriane por Marconi Lima
DIAGRAMAÇÃO Verba Editorial
PAPEL Pólen Soft
IMPRESSÃO Gráfica Bartira, março de 2014

FSC
www.fsc.org
MISTO
Papel produzido
a partir de
fontes responsáveis
FSC® C105484

A marca FSC® é a garantia de que a madeira utilizada na fabricação do papel deste livro provém de florestas que foram gerenciadas de maneira ambientalmente correta, socialmente justa e economicamente viável, além de outras fontes de origem controlada.